Assistente Administrativo

Seja Nosso Parceiro no Combate à Cópia Ilegal

A cópia ilegal é crime. Ao efetuá-la, o infrator estará cometendo um grave erro, que é inibir a produção de obras literárias, prejudicando profissionais que serão atingidos pelo crime praticado.

Junte-se a nós nesta corrente contra a pirataria. Diga não à cópia ilegal.

Seu Cadastro É Muito Importante para Nós

Ao preencher e remeter a ficha de cadastro constante no final desta publicação, você passará a receber informações sobre nossos lançamentos em sua área de preferência.

Conhecendo melhor nossos leitores e suas preferências, vamos produzir títulos que atendam suas necessidades.

Obrigado pela sua escolha.

Fale Conosco!

Eventuais problemas referentes ao conteúdo deste livro serão encaminhados ao(s) respectivo(s) autor(es) para esclarecimento, excetuando-se as dúvidas que dizem respeito a pacotes de softwares, as quais sugerimos que sejam encaminhadas aos distribuidores e revendedores desses produtos, que estão habilitados a prestar todos os esclarecimentos.

Os problemas só podem ser enviados por:

1. E-mail: producao@erica.com.br
2. Fax: (11) 2097.4060
3. Carta: Rua São Gil, 159 - Tatuapé - CEP 03401-030 - São Paulo - SP

José Antonio de Mattos Castiglioni

Assistente Administrativo

5ª Edição

2ª Reimpressão

São Paulo
2008 - Editora Érica Ltda.

Dados Internacionais de Catalogação na Publicação (CIP)
(Câmara Brasileira do Livro, SP, Brasil)

Castiglioni, José Antonio de Mattos
Assistente Administrativo / José Antonio de Mattos Castiglioni. -- 5ª ed. -- São Paulo: Érica, 2008.

Bibliografia
ISBN 978-85-365-0124-6

1. Administração - Estudo e ensino 2. Administração de empresas 3. Trabalho - Organização I. Título.

08-05134 CDD-651.3

Índices para catálogo sistemático
1. Assistentes administrativos: Administração 651.3

Editora Érica Ltda.
Rua São Gil, 159 - Tatuapé
CEP: 03401-030 - São Paulo - SP
Fone: (11) 2295-3066 - Fax: (11) 2097-4060
www.editoraerica.com.br

Dedicatória

À memória de meus queridos pais Carlos e Edith por sempre acreditarem em seus filhos e pela capacidade de transmitir força e ternura;

Aos meus filhos Cristhiano, Victor, Lígia e Gina pelo retorno do carinho e amor dedicados a eles;

Aos meus irmãos e seus familiares que ainda têm forças para manter a família unida.

Mais vale paciência do que valentia,
e autodomínio mais do que conquistar uma cidade.

Pr 16, 32

Agradecimentos

Ao Pai Celestial pelo dom da vida, pela luz que ilumina e amplia os conhecimentos e pela força que faz brotar vontade constante;

Á Célia Seidl pelo carinho e apoio recebido durante as revisões desta obra;

Aos amigos que contribuíram e incentivaram este trabalho, especialmente ao Jeremias Mello, Waldir Vieira, Celso Lumasini, Milton Gonçalves, Luiz Carlos Plens, Anilton Rodrigues da Silva e José Macrino dos Santos Netto.

Sobre o Autor

José Antonio de Mattos Castiglioni nasceu em Lençóis Paulista, SP. Atua na área administrativa e financeira há mais de 35 anos nos mais diversos ramos de atividade, como: Mercado de Capitais, Sistema Financeiro da Habitação, Associações de Classe Patronal e Empregados, Comércio de Veículos, Entretenimento, dentre outros.

Formado em Administração de Empresas pela Escola Superior de Administração de Negócios - ESAN com vários cursos de extensão universitária.

Professor de várias escolas em cursos de educação técnica em Contabilidade, Assistente Administrativo, Assistente Financeiro, Departamento de Pessoal, Gestão Empresarial, Administração e Organização de Almoxarifado, Logística de Suprimentos e Operacional, Técnicas de Vendas, Liderança e outros.

Nota: Os formulários utilizados neste livro estão de acordo com a legislação vigente até a data da publicação deste livro e podem ser encontrados em qualquer papelaria.

Índice Analítico

Prefácio

A idéia inicial deste trabalho foi proporcionar aos interessados uma visão multifuncional que a área administrativa admite.

Aproveito a oportunidade para apresentar um trabalho abrangente direcionado aos que atuam na área e aos possíveis aspirantes para que possam somar conhecimentos agregando valor ao profissionalismo.

Em um primeiro momento o conteúdo oferece uma visão em óptica grande angular da área, focando os principais setores que a envolvem, despertando novos interessados em ingressar na carreira administrativa.

Também de uma forma objetiva procurei acrescentar conhecimentos atualizados aos profissionais que atuam na área. O módulo de Organização de Empresas, capítulo 1, contempla desde o conceito de empresa, a responsabilidade social e o meio ambiente, hoje de suma importância para a conscientização do empresário.

Assuntos relacionados a contabilidade geral e custos, conceitos, princípios, funções são apresentados no capítulo 2.

Os Recursos Humanos e Departamento de Pessoal são tratados de maneira ampla no capítulo 3, com ênfase inclusive às responsabilidades da empresa com relação a higiene e segurança do trabalho e prevenção de acidentes.

O tema Administração Financeira, capítulo 4, também é abordado de forma a permitir uma visão do mundo dos negócios tanto da parte teórica do Sistema Financeiro Nacional como do lado prático, incluindo cálculos financeiros, fluxo de caixa e conciliação bancária.

O capítulo 5 enfoca a administração tributária, suas obrigações e competências, conceitos, características e impostos. O capítulo 6 abrange as rotinas e organização de escritório, técnicas e processos administrativos.

O capítulo 7 fornece noções de matemática e o capítulo 8 sobre a administração do tempo. Os fundamentos de logística destacam-se no capítulo 9, desde o levantamento de necessidades, requisições, materiais, especificações, distribuição até ferramentas de organização.

Uma introdução ao telemarketing, histórico, definições, aplicações, produtos e serviços são assuntos do capítulo 10.

Todos os temas são apresentados de forma simples e didática para ajudar leitores e estudantes a entender o funcionamento de uma empresa como um todo.

O autor

Capítulo 1

Organização das Empresas

O que é empresa
Elementos ou recursos de uma empresa
Pessoa física
Pessoa jurídica
Missão da empresa
Constituição e legalização de empresas
Natureza das empresas
Forma jurídica das empresas
Classificação das empresas
Microempresas (ME) e Empresas de pequeno porte (EPP)
Razão social (nome fantasia, marcas, logomarcas)
Contrato social
Falência e concordata
Modelos organizacionais de empresas
Planejamento
Responsabilidade social
Qualidade e meio ambiente

O que é empresa

É uma organização econômica em que são reunidos e combinados fatores de produção, desenvolvendo uma determinada atividade com objetivo de lucro.

Elementos ou recursos de uma empresa

Para que uma empresa consiga atingir seu objetivo, é necessária a união de quatro elementos ou recursos, a saber:

1. **Humanos**: são os funcionários organizados em uma hierarquia. É o elemento mais importante para que a empresa alcance seus objetivos.
2. **Materiais**: são as máquinas que se destinam a produzir bens: ferramentas, veículos, computadores, maquinário, etc.
3. **Técnicos**: as habilidades para desenvolver o objeto social da empresa, ou seja, saber lidar com o que se propõe a fazer.
4. **Financeiros**: de fundamental importância, é o capital empregado na produção dos bens, na atividade comercial e/ou serviços.

Pessoa física

É o indivíduo ou pessoa natural dotada de vontade própria e capaz de direitos e obrigações.

Pessoa jurídica

Há duas formas de entender a pessoa jurídica, a saber:

- **Empresário**: um novo tipo de opção àquelas pessoas que pretendem se inscrever como pessoa jurídica, independente de ser comerciante ou prestador de serviços, em que o titular responde ilimitadamente por todos os atos praticados pela empresa.
- **Sociedade**: a união de dois ou mais sócios que têm responsabilidade solidária e limitada perante os compromissos assumidos.

Missão da empresa

A partir do conceito de negócio formulado e definida a forma jurídica, deve-se desenvolver a declaração de missão da empresa em termos das metas que deverão ser atingidas, relacionadas a: natureza e qualidade dos produtos e/ou serviços oferecidos, preços, relacionamento com os clientes, com os funcionários e com outras empresas do setor, características do ambiente de trabalho e estilo de administração, incorporação de novas técnicas e tecnologias, perspectivas de crescimento e lucros, relacionamento com a comunidade e com o meio ambiente.

Constituição e legalização de empresas

Para que as empresas possam desenvolver suas atividades, é preciso que estejam devidamente constituídas e legalizadas.

No caso das empresas industriais, comerciais, prestadoras de serviços, a legalização se dá por meio do registro ou arquivamento de seus atos constitutivos na Junta Comercial do Estado, na Secretaria da Receita Federal, na Prefeitura Municipal, na Secretaria da Fazenda do Estado (exceto prestadoras de serviços e entidades sem fins lucrativos).

As empresas exclusivamente de prestação de serviços têm ainda a opção de arquivar seus atos constitutivos no Cartório do Registro de Títulos e Documentos ou equivalente, no município em que forem atuar nessa atividade.

Natureza das empresas

As empresas são classificadas quanto à sua forma como segue:

Empresa de prestação de serviços

Empresas que vendem um serviço prestado diretamente ao cliente. Geralmente têm estrutura simples porque não necessitam de estoque. A grande força desse tipo de negócio são as pessoas. Exemplos: clínica de estética, salão de beleza, assessoria contábil, conserto de equipamentos, dentre outras.

Empresa comercial

A atividade essencial é comercializar bens e produtos. Essa comercialização pode se dar em termos de varejo ou distribuição. No ***varejo*** o fornecedor vende diretamente ao consumidor final em quantidades geralmente pequenas, para seu próprio consumo. Essa empresa normalmente tem estoque e paga comissões por vendas, lidando diretamente com o público. Neste caso, as pessoas também são a grande força do negócio. Exemplos: supermercados, farmácias, magazines. Na ***distribuição*** trata-se de empresas comerciais que atuam em determinadas áreas geográficas e são responsáveis por colocar determinados produtos no mercado. Muitas vezes essas empresas também vendem no varejo. Exemplo: atacadistas de produtos alimentícios, atacadistas de rações animais.

Empresa industrial

A empresa fabrica produtos mediante encomendas ou para formar estoques, utilizando para isso insumos ou produtos elaborados por outros fabricantes. Exemplos: indústria de alimentos, indústria de vestuário.

Empresa mista

Combina características de mais de um tipo de negócio. Exemplo: uma padaria que fabrica e comercializa seus produtos, uma rotisserie.

Forma jurídica das empresas

A forma jurídica depende do tipo de sociedade estabelecida e da atividade desenvolvida.

Empresa individual

É a pessoa natural, que exerce uma atividade com a finalidade de lucro, habitual e profissionalmente, mediante a venda a terceiros de bens e serviços em seu nome. Deve ser registrada devidamente na Junta Comercial em formulário próprio de Firma Individual, onde constará, dentre outros dados, o objeto da empresa (a atividade a ser desenvolvida). É importante lembrar que não se enquadra como empresa individual, se não houver a exploração da atividade comercial ou industrial, sendo permitida a exploração da prestação de serviços cumulativa a essas atividades.

Sociedade civil limitada ou S/C Ltda.

Constituída obrigatoriamente por duas ou mais pessoas, tendo por objeto apenas a exploração de prestação de serviços. É regulada pelo Código Civil e não pode praticar atos de comércio. Seus documentos são registrados no Cartório de Títulos e Documentos e a responsabilidade pelo pagamento das obrigações da empresa é limitada à participação dos sócios.

Sociedade por quotas de responsabilidade limitada ou Ltda.

A empresa deve ser constituída por no mínimo dois sócios, com atividade industrial e/ou comercial, podendo explorar cumulativamente a atividade de prestação de serviços. As quotas representam a participação de cada sócio no capital da empresa que terão responsabilidade proporcional a esse capital.

Sociedade anônima ou S/A.

Empresa formada por duas ou mais pessoas cujos atos constitutivos dar-se-ão por intermédio de um Estatuto Social, em que constarão a forma de operação, as normas que regerão a empresa e também o capital social, que será dividido em ações. Essa denominação social também é chamada companhia. Nesse tipo de denominação social, as empresas são regidas pela Lei nº 6404/76, a "Lei das S/As". E ainda podem se subordinar à Comissão de Valores Mobiliários C.V.M. se tiverem parte de suas ações negociadas em bolsa ou no mercado de balcão.

Sociedade cooperativa

A exemplo da sociedade anônima, a sociedade cooperativa possui legislação especial (Lei nº 5.764/71). No entanto, por tratar-se também de matéria do direito de empresa, o código faz referência às cooperativas nos artigos 1.093 a 1.096, sem contudo esgotar a matéria, que é detalhada no diploma específico.

Sobre o tema a legislação especial estabelece que celebram contrato de sociedade cooperativa as pessoas que reciprocamente se obrigam a contribuir com bens ou serviços para o exercício de uma atividade econômica, de proveito comum, sem objetivo de lucro. Portanto, as cooperativas são sociedades de pessoas, com forma e natureza jurídica próprias, de natureza civil, não sujeitas à falência, constituídas para prestar serviços aos associados, distinguindo-se das demais sociedades e possuindo características peculiares. (Arts. 3º e 4º da Lei nº 5.774/71). Ressaltamos que as sociedades cooperativas podem adotar por objeto qualquer gênero de serviço, operação ou atividade. Entretanto, independente de seu objeto de acordo com o código civil, serão sempre consideradas sociedades simples. Assim, pelo parágrafo único do artigo 982, jamais uma cooperativa pode ser considerada uma sociedade empresária.

Outros tipos de sociedade

O Código Civil Brasileiro contempla ainda outras modalidades de constituição de sociedade, que devem atender o disposto nos seus artigos específicos, como vemos a seguir:

- **Sociedade em nome coletivo**: regida pelo Código Civil Brasileiro de acordo com seus artigos 1.039 a 1.044, trata-se de sociedades constituídas somente por pessoas físicas, respondendo todos os sócios, solidária e ilimitadamente pelas obrigações sociais. Nesse tipo de sociedade, os sócios, por ocasião dos atos constitutivos ou então por unânime convenção, podem limitar entre si a responsabilidade de cada um.
- **Sociedade em comandita simples**: nesse tipo de sociedade regida pelo Código Civil Brasileiro pelos artigos 1.045 a 1.051, tomam parte sócios de duas categorias: os *comanditados* que são pessoas físicas, responsáveis solidária e ilimitadamente pelas obrigações sociais; e os *comanditários*, obrigados somente pelo valor de suas quotas. A característica peculiar nesse tipo de sociedade é que o sócio *comanditário* não pode praticar nenhum ato de gestão nem ter o nome na denominação social, sob pena de ficar sujeito às responsabilidades de sócio *comanditado*, porém pode ser constituído procurador da sociedade, para negócio determinado e com poderes especiais.
- **Sociedade em comandita por ações**: esse tipo de sociedade tem seu capital dividido em ações e rege-se pelas mesmas normas da sociedade anônima, onde somente o acionista tem qualidade para administrar e, como diretor, responde subsidiária e ilimitadamente pelas obrigações. Os diretores são nomeados no ato constitutivo da sociedade, sem limitação de tempo e somente poderão serem destituídos por deliberação dos acionistas que representem no mínimo dois terços do capital social.
- Cabe a observação com relação ao **Autônomo Estabelecido**, que é a pessoa física que individualmente exerce profissões que explorem atividades de prestação de serviços. O respectivo registro é feito na Prefeitura do Município onde o interessado reside, podendo emitir recibo próprio ou Nota Fiscal tributada.

Classificação das empresas

Esta classificação obedece a vários critérios, tais como: ramo de atividade, número de empregados, faturamento, capital, etc. O critério mais utilizado é classificar as empresas de acordo com o número de empregados, como vemos:

- **Microempresas**: de 0 a 9 empregados;
- **Pequena**: de 10 a 99 empregados;
- **Média**: de 100 a 500 empregados;
- **Grande**: acima de 500 empregados.

Microempresas e empresas de pequeno porte

A Lei nº 9.841/99, de 05 de outubro de 1999, denominada Estatuto das Microempresas e Empresas de Pequeno Porte, caracteriza como microempresas (ME) as pessoas jurídicas e firmas individuais que tiverem receita bruta anual igual ou inferior a R$ 240.000,00. Pela mesma lei, são consideradas empresas de pequeno porte as pessoas jurídicas ou firmas individuais que, não enquadradas como microempresas, tiverem receita bruta anual superior a R$ 240.000,00 e igual ou inferior a R$ 2.400.000,00 - valores monetários referentes a janeiro de 2006.

Razão social

Todo empreendedor, ao formalizar seu negócio, tem que indicar o ***nome empresarial***, que pode ser de duas espécies:

- **Firma**: é o nome utilizado pelo empresário individual, pelas sociedades em nome coletivo, de capital e indústria e em comandita simples. Opcionalmente pode ser utilizado pelas sociedades limitadas.
- **Denominação**: é o nome utilizado pelas sociedades anônimas e cooperativas e opcionalmente pelas sociedades limitadas e em comandita por ações.

Formação do nome empresarial do empresário

O nome comercial deve ser o do empresário titular. Caso haja um nome igual já registrado, ele pode ser abreviado, desde que essa abreviação não seja do último sobrenome, ou ainda ser acrescentado um termo que possa indicar a principal atividade econômica a ser exercida pela empresa como elemento que a diferencie.

Exemplo: nome do titular Joaquim Francisco dos Santos e a atividade pretendida é mercearia.

Ficaria assim: opção 1: J. Francisco dos Santos ou Joaquim F. dos Santos

opção 2: Joaquim Francisco dos Santos Mercearia

Formação do nome empresarial na sociedade limitada

A sociedade limitada pode adotar, como vimos anteriormente, tanto firma como denominação.

Para firma ela deve ser composta de uma das formas indicadas a seguir:

1. Pelo sobrenome de todos os sócios, acrescidos da expressão limitada ou Ltda.

   Exemplo: Sócios: José da Silva, João dos Santos e Mário Vieira.

   A razão social será: Silva, Santos e Vieira Ltda.

2. Pelo sobrenome de um dos sócios, acrescido da expressão & Companhia Limitada, por extenso ou abreviadamente.

   Exemplo: Sócios: José da Silva, João dos Santos e Mário Vieira.

   A razão social poderá ser: Silva & Cia Ltda., ou Silva, Santos & Cia Ltda., ou ainda Santos & Vieira Ltda.

3. Pelo nome completo ou abreviado de um dos sócios, acrescido da expressão & Companhia Limitada por extenso ou abreviadamente.

   Exemplo: Sócios: Carlos Oliveira Santos e Pedro Souza Dias.

   A razão social pode ser: Carlos Oliveira Santos & Cia. Ltda. ou P.S. Dias e Cia. Ltda.

   A expressão "e Companhia" indica que a sociedade, na formação da Razão Social, optou por não constar o nome de todos os sócios, podendo ser substituído por outra expressão que seja capaz de exercer a mesma função.

   Exemplo: José Oliveira Silva e Irmãos.

Para denominação ela deve ser composta dos seguintes elementos:

1. Palavra de uso comum ou vulgar ou expressão de fantasia incomum acrescida da principal atividade exercida pela empresa.

   Exemplo: Atividade pretendida: mercearia e açougue, ficaria assim: Bem Servir Mercearia Ltda.

2. A expressão limitada ou abreviadamente Ltda. deve vir ao final do nome. Observamos que quando a sociedade optar por colocar na denominação social sua atividade econômica a ser explorada, ela deve ser compatível com o objeto social descrito no Contrato Social ou no Estatuto.

Nome fantasia

Também conhecido como *nome comercial* ou *nome de fachada* é a designação utilizada por uma instituição, seja ela de ordem pública ou privada, sob a qual ela se torna conhecida do público. Essa denominação opõe-se à *razão social* que é o nome utilizado perante os órgãos públicos de registro das *pessoas jurídicas*.

O nome fantasia pode ser formado a partir de palavras ou expressões contidas na própria razão social, bem como a partir da criatividade do empresário.

De conformidade com o direito comercial, o registro de um nome fantasia dá-se perante os órgãos de registro de marcas e patentes, resguardando o direito a sua utilização ao primeiro que o registra.

Marcas

O assunto é regulado pela Lei nº 9279 de 14 de maio de 1996 e interpreta como marca todo o sinal distintivo (palavra, figura, símbolo, etc.) visualmente perceptível, que identifica e distingue produtos e serviços de outros iguais ou semelhantes, de origens diversas, bem como certifica a sua conformidade com determinadas normas ou especificações técnicas.

Qualquer pessoa tanto física quanto jurídica que esteja exercendo atividade legalizada e efetiva pode requerer o registro de uma marca, que se obtém pelo Instituto Nacional de Propriedade Industrial - INPI.

A marca registrada perante o INPI garante ao seu proprietário o direito de uso exclusivo em todo o território nacional em seu ramo de atividade econômica.

Contrato social

Para constituirmos uma sociedade (que é a união de duas ou mais pessoas), é necessária a elaboração do Contrato Social, pois é o instrumento jurídico que irá reger e definir por meio de suas normas a nova empresa.

As cláusulas contratuais refletem as disposições de vontade dos sócios, modelando o funcionamento da sociedade e definindo seus contornos mais peculiares.

É importante destacar que o contrato das limitadas é composto por cláusulas contratuais essenciais ou obrigatórias, sem as quais não podem ser arquivados no registro competente, e de cláusulas facultativas, que são livres, representando a expressão máxima da autonomia da vontade dos sócios.

Cláusulas facultativas

Como o próprio nome diz, trata-se de cláusulas não obrigatórias, ou seja, a não-inclusão dessas cláusulas não impede o arquivamento do contrato social no registro próprio.

As cláusulas facultativas são aquelas que moldam a sociedade de acordo com suas peculiaridades. Os contornos da vontade dos sócios estarão expressos, por exemplo, nas seguintes hipóteses:

1. regras acerca da administração da sociedade (Art. 1.013);
2. regras referentes às reuniões de sócios (Art. 1.072);
3. previsão de regência supletiva da sociedade pelas normas da sociedade anônima (Art. 1.053, parágrafo único);
4. exclusão de sócios por justa causa (Art. 1.085);
5. autorização para que a pessoa não sócia exerça a função de administrador (Art. 1.061);
6. data de encerramento do exercício social, quando não coincidente com o ano civil;
7. instituição de conselho fiscal (Art. 1.066).

Outras matérias podem constar do contrato social, como, por exemplo, o estabelecimento de retirada mensal pró-labore, as conseqüências do falecimento de sócio, regras sobre a cessão de quotas a outros sócios ou a terceiros, previsão de parcelamento do reembolso nos casos de retirada ou expulsão, etc.

Fecho do contrato social

Do fecho do contrato social devem constar:

1. Localidade e data do contrato;
2. Nomes dos sócios e respectivas assinaturas. Todos os sócios, ou seus representantes, devem assinar o contrato. As assinaturas serão lançadas com a indicação do nome do signatário, por extenso, de forma legível. Não é necessário o reconhecimento das firmas dos sócios;
3. Não são obrigatórias as assinaturas das testemunhas que, entretanto, podem ser lançadas com indicação do nome do signatário, por extenso, de forma legível, e do número de identidade, órgão expedidor e Estado;
4. Havendo sócio analfabeto, o contrato deve ser assinado por seu procurador, nomeado por procuração outorgada por instrumento público, contendo poderes específicos para assinar o contrato;

5. Havendo sócio absolutamente ou relativamente incapaz, o contrato, na primeira hipótese, deve ser assinado pelo representante legal e, na segunda, pelo sócio e por quem o assistir. No caso de representação ou assistência de sócio menor, se o poder familiar for exercido somente por um dos pais, o instrumento deve conter, antes da assinatura dos sócios, a razão do não-comparecimento do outro, que pode ser em razão da perda, destituição ou extinção do poder familiar ou por falecimento;
6. Visto de advogado. O contrato social deve conter o visto de advogado, com a indicação do nome e número de inscrição na Ordem dos Advogados do Brasil.

Legalização da empresa

Para legalização definitiva de uma empresa, algumas providências devem ser tomadas antes do efetivo início de suas atividades nos seguintes organismos:

Receita Federal

A partir de 1998, a Secretaria da Receita Federal alterou o sistema de Cadastramento das Empresas Nacionais. Onde antes tínhamos o **CGC** (Cadastro Geral de Contribuintes), hoje temos o **CNPJ** (Cadastro Nacional de Pessoa Jurídica).

O formato referente à numeração em nada foi alterado, permanecendo os mesmos números para as empresas já inscritas no **CGC**.

Exemplo: 00.000.000/0000-00

- Os números após a barra correspondem à unidade da empresa.
- Os dois últimos números correspondem ao dígito verificador que testa se o CNPJ é verdadeiro ou falso.
- Esse sistema foi desenvolvido para melhorar as informações e controle da Receita Federal. Junto com esse sistema foram implantadas pela Secretaria políticas para o desenvolvimento de tecnologia e informação.

Inscrição estadual

As empresas que realizam operações de compra e venda, tanto de produtos como de mercadorias, são consideradas **CONTRIBUINTE** perante o **ESTADO**, devendo obter a Inscrição Estadual. Os governos estaduais têm à disposição dos contribuintes e empresas os Postos Fiscais Eletrônicos, que oferecem muitos serviços, especialmente a **DECA ESTADUAL.**

Inscrição municipal

Para finalizarmos o processo de abertura e para que possamos colocar a empresa em funcionamento, é necessário uma inscrição municipal e posteriormente requerer o alvará ou licença de funcionamento.

Documentação exigida

- Requerimento (Capa de Processo) com assinatura do administrador, sócio, procurador, com poderes específicos, ou terceiro interessado.
- Contrato social assinado pelos sócios ou seus procuradores ou certidão de inteiro teor do contrato social, quando revestir a forma pública.
- Declaração de desimpedimento para o exercício de administração de sociedade empresária, assinada pelo(s) administrador(es) designado(s) no contrato, se não constar em cláusula própria.
- Original ou cópia autenticada de procuração, com poderes específicos e se por instrumento particular, com firma reconhecida, quando o requerimento, o contrato social ou a declaração de que trata o item anterior for assinada por procurador. Se o delegante for analfabeto, a procuração deve ser passada por instrumento público.
- Cópia autenticada da identidade dos administradores e do signatário do requerimento.
- Aprovação prévia de órgão governamental, quando for o caso.
- Ficha de Cadastro Nacional.
- Quando houver participação societária de:

  Sociedade estrangeira:

  - Prova de existência legal da empresa e da legitimidade de sua representação (representante legal ou procurador);
  - Inteiro teor do contrato ou do estatuto;
  - Procuração estabelecendo representante no Brasil com poderes para receber citação;
  - Tradução dos referidos atos por tradutor matriculado em qualquer Junta Comercial.

  Pessoa física residente e domiciliada no exterior:

  - Procuração estabelecendo representante no País, com poderes para receber citação;

- Tradução da procuração por tradutor matriculado em qualquer Junta Comercial, caso passada em idioma estrangeiro.

Empresa pública, sociedade de economia mista, autarquia ou fundação pública:

- Exemplar da folha do Diário Oficial da União, do Estado, do DF ou do Município, que contiver o ato de autorização legislativa; ou citação, no contrato social, da natureza, número e data do ato de autorização legislativa, bem como do nome, data e folha do jornal em que foi publicada.
- Comprovantes de pagamento:
  a) Guia de Recolhimento/Junta Comercial;
  b) DARF/Cadastro Nacional de Empresas (código 6621).

A elaboração de um Contrato Social deve seguir as observações com relação aos seus elementos já adequados ao Novo Código Civil de 2002:

1. Qualificação completa dos sócios: (Art. 997, I, do CC/2002)

→ **PESSOA FÍSICA**: nome completo, nacionalidade, naturalidade, estado civil, regime de bens (se casado), data de nascimento (se solteiro), profissão, número do CPF, documento de identidade, seu número, órgão expedidor e UF onde foi emitida (documentos válidos como identidade: carteira de identidade, certificado de reservista, carteira de identidade profissional, Carteira de Trabalho e Previdência Social, Carteira Nacional de Habilitação - modelo com base na Lei nº 9.503, de 23.9.97), domicílio e residência (tipo e nome do logradouro, número, bairro/distrito, município, Unidade Federativa e CEP).

Solteiro menor de 18 anos (Art. 1.690, CC/2002)

- ***maior de 16 anos*** - deve ser assistido pelo pai, pela mãe ou tutor; constar também do preâmbulo a expressão "***ASSISTIDO POR***", e a qualificação completa do(s) assistente(s).
- ***menor de 16 anos*** - deve ser representado pelo pai, pela mãe ou tutor; constar também do preâmbulo a expressão "***REPRESENTADO POR***" e a qualificação completa dos representantes.
- ***se emancipado*** (maior 16 anos) constar da qualificação a forma da emancipação, arquivando, em separado, a prova da emancipação **(Art. 976, do CC/2002)**, feita antes o registro no Registro Público no caso de outorga pelos pais ou por sentença. **(Art. 9º).**

- **sócio analfabeto**: também o nome e a qualificação completa do procurador constituído, com poderes específicos, por instrumento público.

→ **PESSOA JURÍDICA**: nome empresarial, endereço completo da sede, e se sediada no Brasil, NIRE (número de identificação do registro de empresas) ou número atribuído no Cartório de Registro Civil das Pessoas Jurídicas e o nº do CNPJ (Cadastro Nacional de Pessoas Jurídicas); qualificação completa dos representantes da empresa no ato; **(Art. 997, I, CC/2002)**

- **sócio domiciliado no exterior**: nomear procurador no Brasil, com poderes para receber citação;
- **procurador**: constar do preâmbulo, após o nome e qualificação completa do sócio: "***REPRESENTADO POR SEU PROCURADOR, NOME E QUALIFICAÇÃO COMPLETA***, juntado ao processo o respectivo instrumento de mandato".

2. **Indicação do tipo jurídico da sociedade: sociedade limitada.**
3. **Nome empresarial (Art. 997, II e Art. 1.158, CC/2002)**

→ não pode conter as expressões "ME" ou "EPP";

→ não pode ser idêntico ou semelhante a nome já protegido, isto é, anteriormente registrado;

→ a composição do nome deve observar as regras gerais e as próprias do tipo escolhido (firma social ou denominação).

4. **Endereço comercial da sede e de filiais declaradas (Art. 997, II, CC/2002)**

→ Tipo e nome do logradouro, número, complemento, bairro/distrito, município, UF e CEP.

5. **Objeto social (Art. 997, II, CC/2002)**

→ Declaração precisa e detalhada das atividades a serem desenvolvidas, mencionando gênero e espécie. (Art. 56, ll, da Lei nº 8.884, de 11.7.94)

6. **Capital social (Art. 997, III e IV, CC/2002)**

→ indicação numérica e por extenso do total do capital social;

→ mencionar o valor nominal de cada quota, que pode ter valor desigual;

→ mencionar o total de quota(s) de cada sócio;

→ declarar a forma e o prazo de integralização do capital;

→ se houver sócio menor, o capital deverá estar totalmente integralizado;

- integralização com bem imóvel: descrição e identificação do imóvel, sua área, dados relativos a sua titulação, número de matrícula no Registro de Imóveis e autorização do cônjuge no instrumento contratual com a referência pertinente, salvo se o regime de bens for o de separação absoluta.

7. **Responsabilidade dos sócios (Art. 1.052, CC/2002)**

- Declaração da responsabilidade dos sócios ser restrita ao valor de suas quotas e, solidariamente, pela integralização do capital social.

8. **Prazo de duração da sociedade (Art. 997, II, CC/2002)**

- Indicar o prazo de duração indeterminado ou determinado (neste caso indicar o início e o fim da sociedade).

9. **Administração (Art. 997, VI, Art. 1.060, Art. 1.061, 1.062, Art. 1.063 e 1.064 todos do CC/2002)**

- Designar pessoa(s) natural(ais), caso não se ajuste esta indicação em ato separado, para administrador(es) da sociedade, as atribuições e poderes, entre eles o de usar o nome empresarial. Indicar o prazo de gestão, se determinado.
- O contrato pode estabelecer a designação de administrador NÃO sócio. Dependerá de aprovação de todos os sócios, se o capital não estiver integralizado e de no mínimo dois terços, se totalmente integralizado. **(Art. 1.061, CC/2002)**
- Sócio menor - somente se emancipado;
- Estrangeiro, apresentar a carteira de identidade com o visto permanente.

10. **Cessão de quotas (Artigos 1.003 e 1.056, CC/2002)**
11. **Falecimento/interdição de sócio (Artigos 1.028 e 1.031, CC/2002)**
12. **Data de encerramento do exercício social**: indicar a data do término de cada exercício, para a elaboração do inventário, do balanço patrimonial e do balanço do resultado econômico **(Art. 1.065, CC/2002)** e a referência ao julgamento das contas no primeiro quadrimestre seguinte ao término do exercício social pelos sócios **(Art. 1.078, CC/2002)** e à colocação desses documentos à disposição dos sócios não administradores, até trinta dias antes da reunião ou da assembléia de sócios. **(Art. 1.078, § 1º, CC/2002)**
13. **Participação dos sócios nos lucros e perdas**: indicação da participação proporcional dos sócios nos lucros se outro ajuste não for estipulado. **(Art. 997, VII, CC/2002)**

14. Cláusula de inexistência de impedimento para o(s) administrador(es) se não apresentada esta declaração em separado. (Art. 1.011, CC/2002)

15. **Foro**: indicar o domicílio onde se exercitem e cumpram os direitos e obrigações deles resultantes. **(Arts. 53, III, "e" do Dec. 1.800/96)**

16. Inserir cláusulas facultativas desejadas.

17. Local e data (dia, mês e ano).

18. **Assinatura dos sócios ou dos seus procuradores no fecho do contrato social, com a reprodução de seus nomes.**

Observação: Sócio menor de 16 anos, o ato será assinado pelo representante do sócio; - sócio maior de 16 e menor de 18 anos, o ato será assinado, conjuntamente, pelo sócio e seu assistente.

19. **Visto de advogado**: visto/assinatura de advogado, com a indicação do nome e do número de inscrição na OAB/Seccional (esse visto é dispensado para o contrato social de microempresa e de empresa de pequeno porte). **(Art. 1º, § 2º, da Lei nº 8.906, de 4.7.94 e Art. 6º, parágrafo único, da Lei nº 9.841, de 5.10.99)**

20. Rubricar as demais folhas não assinadas. **(inciso I, Art. 1º, Lei nº 8.934/94)**

Observação: O documento não pode conter rasuras, emendas ou entrelinhas sem expressa ressalva dos sócios.

Modelo básico de contrato social - sociedade limitada.

Contrato social de constituição da empresa "X"

1. **Fulano de Tal** (qualificação completa: nacionalidade, estado civil (se casado indicar o regime de bens), profissão, no do CPF, identidade (carteira de identidade, ou carteira de estrangeiro, indicando o seu no, órgão expedidor e estado emissor), residente e domiciliado na (endereço completo: tipo e nome do logradouro, no, complemento, bairro, cidade, CEP e UF) e,

2. **Beltrano de Tal** (qualificação completa: nacionalidade, estado civil (se casado indicar o regime de bens), profissão, no do CPF, identidade (carteira de identidade, ou carteira de estrangeiro, indicando o seu nº, órgão expedidor e estado emissor), residente e domiciliado na (endereço completo: tipo e nome do logradouro, no, complemento, bairro, cidade, CEP e UF), constituem uma sociedade limitada mediante as seguintes cláusulas:

1ª A sociedade girará sob o nome empresarial _______________ e terá sede e domicílio na (endereço completo: tipo e nome do logradouro, no, complemento, bairro, cidade, CEP e UF).

Obs.: Não Constar os termos "ME" ou "EPP" no nome empresarial (Art. 997, II e Art. 1158, CC/2002);

Art. 1.158, CC/2002 - Pode a Sociedade Limitada adotar firma ou denominação, integradas pela palavra final "Limitada" ou sua abreviatura.

§ A firma será composta com o nome de um ou mais sócios desde que pessoas físicas, de modo indicativo da relação social.

§ A denominação deve designar o objeto da sociedade, sendo permitido nela figurar o nome de um ou mais sócios.

2ª Seu objeto social será ______________________________.

3ª O capital social será de R$ ___________________ (______ reais), dividido em ___ (____) quotas de valor nominal de R$ _________ (_____ reais), cada uma, subscritas,

3.1 e integralizadas, neste ato, em moeda corrente do País, pelos sócios:

Fulano de Tal .... nº de quotas ______ - R$ _____.
Beltrano de Tal .... nº de quotas ______ - R$ _____.
total.................................. nº de quotas ______ - R$ _____.

4ª responsabilidade de cada sócio é restrita ao valor de suas quotas, mas todos respondem solidariamente pela integralização do capital social.

5ª as quotas são indivisíveis e não poderão ser cedidas ou transferidas a terceiros sem o consentimento do outro sócio, a quem fica assegurado, em igualdade de condições e preço, o direito de preferência para sua aquisição se postas à venda, formalizando, se realizada a cessão delas, a alteração contratual pertinente.

6ª A sociedade iniciará suas atividades em ______ e seu prazo de duração é por tempo indeterminado. **(Art. 967, CC/2002)**

7ª A administração da sociedade caberá _________________ com os poderes e atribuições de _________________ ***(constar poderes que terá o administrador. Por exemplo: Representar a sociedade perante órgãos públicos)***, podendo os sócios assinar na forma isoladamente ou em conjunto ***(a empresa que deverá decidir se as atribuições designadas aos sócios deverão ser feitas de forma isolada ou em conjunto)***, autorizado o uso do nome empresarial, vedado, no entanto, em atividades estranhas ao interesse social ou assumir obrigações seja em favor de qualquer dos quotistas ou de terceiros, bem como onerar ou alienar bens imóveis da sociedade, sem autorização do outro sócio.

8ª Ao término da cada exercício social, em 31 de dezembro, o administrador prestará contas justificadas de sua administração, procedendo à elaboração do inventário, do balanço patrimonial e do balanço de resultado econômico, cabendo aos sócios, na proporção de suas quotas, os lucros ou perdas apurados.

9ª Fica eleito o foro de ______ para o exercício e o cumprimento dos direitos e obrigações resultantes deste contrato.

10ª (Os) Administrador (es) declara(m), sob as penas da Lei, que não est(ão) impedidos de exercer a administração da sociedade, por lei especial, ou em virtude de condenação criminal, ou por se encontrar(em) sob os efeitos dela, a pena que vede, ainda que temporariamente, o acesso a cargos públicos; ou por crime falimentar, de prevaricação, peita ou suborno, concussão, peculato, ou contra a economia popular, contra o sistema financeiro nacional, contra normas de defesa de concorrência, contra as relações de consumo, fé pública, ou a propriedade. **(Art. 1.011, § 1º, CC/2002).**

E por estarem assim justos e contratados, assinam o presente instrumento em ___ vias, na presença de duas testemunhas.

_________________, _____ de __________ de _____.

Local data

________________ ________________

Fulano de Tal Beltrano de Tal

Testemunhas:

____

Assinatura:

Nome completo e identidade (espécie e nº, órgão emissor/UF)

____

Assinatura:

Nome completo e identidade (espécie e nº, órgão emissor/UF)

Visto do Advogado ______________________________

Nome completo - Inscr. na OAB/Seccion

(Dispensado se a empresa for ME ou EPP)

Falência e recuperação extrajudicial ou judicial

Após 11 anos de tramitação pelo Congresso Nacional foi sancionada a Lei Nº 11.101, de 09 de fevereiro de 2005, que regula a recuperação judicial, a extrajudicial e a falência do empresário e da sociedade empresária.

Chamada agora de "Lei de Recuperação de Empresas", a nova norma altera uma legislação totalmente desatualizada e amparada pelo Decreto-Lei Nº. 7661 de 21/06/1945, a antiga "Lei de Falência", considerada até prejudicial à economia, pois dificultava a superação das crises das empresas com o expediente da concordata ou da falência. Essa lei disciplinou por 60 anos o processo falimentar, incluindo as concordatas preventiva e suspensiva, facultadas ao devedor comerciante, em que processos longos acabavam permitindo a dilapidação completa do patrimônio das empresas, impedindo a continuação da atividade, isso na avaliação de especialistas no assunto.

Falência

É basicamente um processo de execução coletiva. Ocorre arrecadação e venda judicial forçada de todos os bens do falido para posterior rateio proporcional aos credores, segundo a classificação estabelecida pela legislação.

Na falência, normalmente a empresa pára de funcionar e uma pessoa é designada pelo juiz para arrecadar o patrimônio disponível, verificar os créditos, liquidar os ativos e pagar o passivo em sistema de rateio.

De acordo com a nova lei, o processo de falência atenderá aos princípios da celeridade e da economia processual e ao promover o afastamento do devedor de suas atividades, visa a preservar e otimizar a utilização produtiva dos bens, ativos e recursos produtivos, inclusive os intangíveis, da empresa.

De acordo com o Art. 94 da nova lei, dentre outros motivos, será decretada a falência do devedor que, sem relevante razão de direito, não paga, no vencimento, obrigação líquida materializada em título ou títulos executivos protestados cuja soma ultrapasse o equivalente a 40 (quarenta) salários mínimos na data do pedido de falência.

Recuperação extrajudicial ou judicial

Conhecida antes da nova lei como Concordata, era uma situação vivida antes da falência propriamente dita, em que o devedor ainda não deixou de pagar suas obrigações líquidas, mas está na iminência de fazê-lo. Observa-se que hoje não há mais o benefício da concordata, pois o Decreto-Lei Nº, 7661/45 foi revogado pela Lei Nº, 11.101 de 09/02/2005.

Com a nova legislação a concordata foi substituída pela recuperação extrajudicial ou judicial. No segundo caso, a empresa terá que fechar um acordo com seus credores (empregados, fornecedores, bancos, governo estadual, municipal e federal) em até 180 dias. Se isso não ocorrer, o juiz pode decretar a falência imediatamente. Antes da sanção da lei pelo presidente da República em 09 de fevereiro de 2005, um processo de concordata poderia durar até 20 anos.

A nova legislação diminui consideravelmente a possibilidade de as empresas falirem, pois a antiga lei protegia os interesses estabelecidos na relação credor-devedor, em especial os direitos privados dos credores. Já a recuperação judicial permite que as empresas em crise voltem a se tornar participantes competitivas e produtivas da economia nacional.

Para entrar com o pedido de recuperação judicial, é necessário apresentar, entre outros documentos, um histórico detalhado da empresa e uma exposição clara das causas que a levaram à situação de crise.

As principais mudanças na Lei de Falência

Falência	
Antiga Lei	**Nova Lei**
a) Juízes relutam em decretar falência para evitar desemprego e destruição de ativos. Credores têm facilidade para pedir falência da empresa em vez de negociar a dívida.	**a)** Ganha agilidade e racionalidade para evitar a dilapidação do patrimônio empresarial.
b) Ordem de prioridade para pagamento das dívidas era: - Dívidas trabalhistas sem limite; - Tributos federais, estaduais e municipais; - Dívidas garantidas por bens móveis ou imóveis; - Dívidas com privilégios especiais; - Dívidas com privilégio geral; - Quirografários (promissórias, cheques, etc.).	**b)** Ordem de prioridade para pagamento das dívidas é: - Dívidas trabalhistas até 150 salários mínimos; - Dívidas bancárias garantidas por bens móveis e imóveis; - Dívidas tributárias e outros débitos.
c) Restituições de bens (sob leasing ou alienação fiduciária) e de adiantamento de contrato de crédito (ACC) são pagos antes das dívidas.	**c)** Pedido de falência é restringido a dívidas acima de 40 salários mínimos.
d) Qualquer credor pode pedir falência.	

Recuperação extrajudicial ou judicial	
Antiga Lei	**Nova Lei**
É iniciativa da empresa e permite apenas negociação em dois anos de dívidas com promissórias, cheques, etc. Outros credores disputam dívidas na justiça. Não tem prazo para conclusão dos processos.	Acaba a concordata. A empresa em crise pode requerer recuperação extrajudicial ou judicial. **a)** Recuperação Extrajudicial - o empresário apresenta aos credores - exceto empregados e fisco - proposta de recuperação homologada pelo judiciário. **b)** Recuperação Judicial - o empresário negocia plano de recuperação com todos os credores, inclusive trabalhadores e o fisco. Se em 180 dias não houver acordo, o judiciário pode decretar a falência. Só podem ser aplicadas se as empresas estiverem em dia com as determinações legais. **c)** O plano de recuperação determina a ordem dos pagamentos, privilegiando sempre os trabalhistas. **d)** Mecanismos de recuperação - o plano pode prever condições especiais de pagamento, cisão, incorporação, fusão e outros mecanismos. **e)** Credor não pode requerer falência nessa fase.

Modelos organizacionais de empresas

Organizar significa estruturar e integrar as atividades desenvolvidas em uma empresa, distribuindo-se por departamentos, setores, seções, etc., conforme suas necessidades.

Ao organizar uma empresa, agrupam-se as suas atividades em determinados órgãos, atribuindo-lhes cargos ou funções, além de definir as relações de hierarquia (autoridade) entre cada um desses órgãos.

Assim sendo, obtém-se a estrutura organizacional que é a forma de "arrumação" de uma empresa de maneira a oferecer-lhe maiores probabilidades de obter bons resultados.

Áreas e setores funcionais

Área funcional é diferente de estrutura. Para entendermos melhor áreas, departamentos, setores, temos que nos ater ao organograma que é a representação gráfica da estrutura organizacional da empresa, considerados os departamentos, setores e seções e a inter-relação existente entre eles.

A empresa é um sistema, cujo aspecto principal é a interligação das suas partes.

Didaticamente podemos apresentar a estrutura interna das empresas observando o seu porte, os produtos confeccionados, a área geograficamente ocupada, etc.

Analisando a estrutura empresarial quanto às funções internas, temos:

1. **Áreas**: constituídas por departamentos e setores. Assim temos, por exemplo, a área comercial constituída pelo departamento de marketing, responsável pelos setores de pesquisa, compras, vendas e telemarketing. Considerando a tomada de decisão, entendemos nas áreas as decisões estratégicas, envolvendo toda a empresa. Em relação ao tempo, tais decisões são, normalmente, de longo prazo, apresentando resultados dos departamentos ao longo do período.
2. **Departamentos**: segundo nível de uma organização, responsáveis pelos setores. As tomadas de decisões são basicamente táticas, compreendendo os departamentos específicos e em relação ao tempo podem ser de médio ou curto prazo.
3. **Setores**: terceiro nível de uma organização, compreende a operacionalização das atividades. O foco das decisões é operacional, de curto prazo.

Hierarquia

Quando se fala em hierarquia, surge-se imediatamente um conceito de chefia. Na realidade hierarquia significa mais que esse conceito e precisa ser vista e entendida amplamente pela importância que representa para a empresa.

As relações de autoridade fundamentam-se na estrutura organizacional de subordinação, enquanto as relações de responsabilidade são as definidas pelas ordens e orientações recebidas e a quem devem passar contas do trabalho realizado.

A relação existente entre a autoridade e a responsabilidade forma uma rede definida como hierarquia, cujas relações de autoridade podem apresentar-se em dois níveis: vertical e horizontal.

A título de fixação, apresentamos três tipos de organograma: linear, departamental e funcional.

Estrutura organizacional **linear**, a mais antiga e simples.

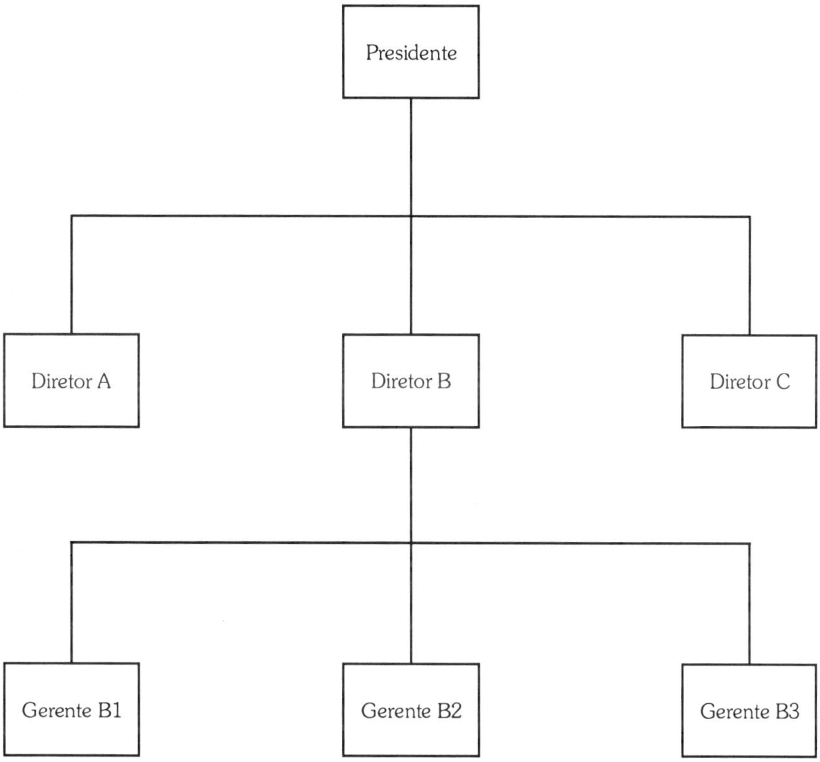

Outra estrutura que queremos demonstrar é a **departamental.**

A **departamentalização** é a divisão ou órgão da empresa, responsável por um conjunto determinado de atividades. Em seguida veja um exemplo de departamentalização por função.

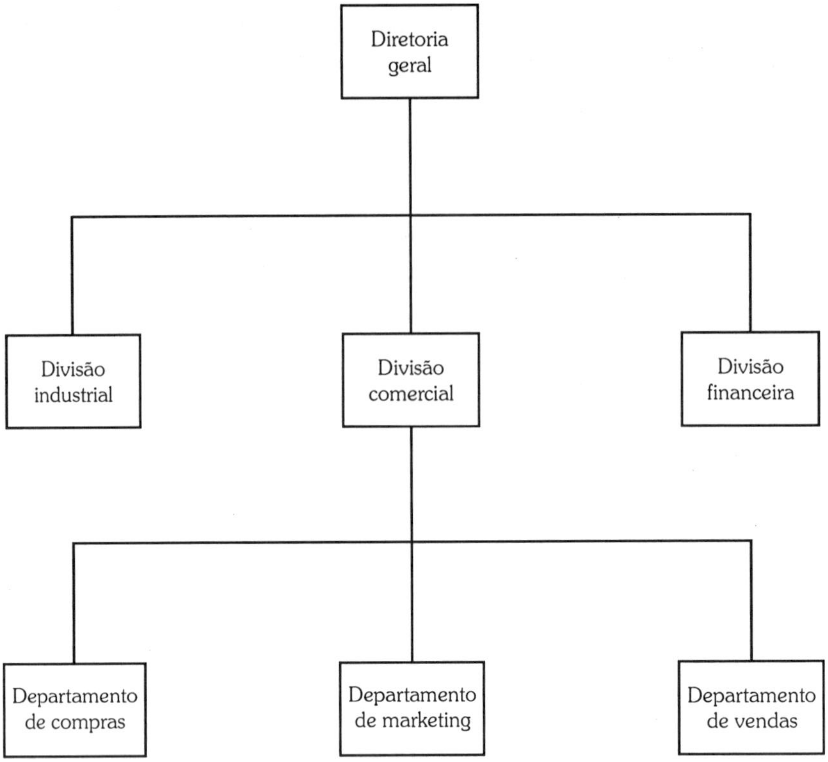

Organização funcional - a autoridade é exercida conforme a divisão da administração, da direção e da chefia por funções.

Segue um exemplo desse tipo de organização:

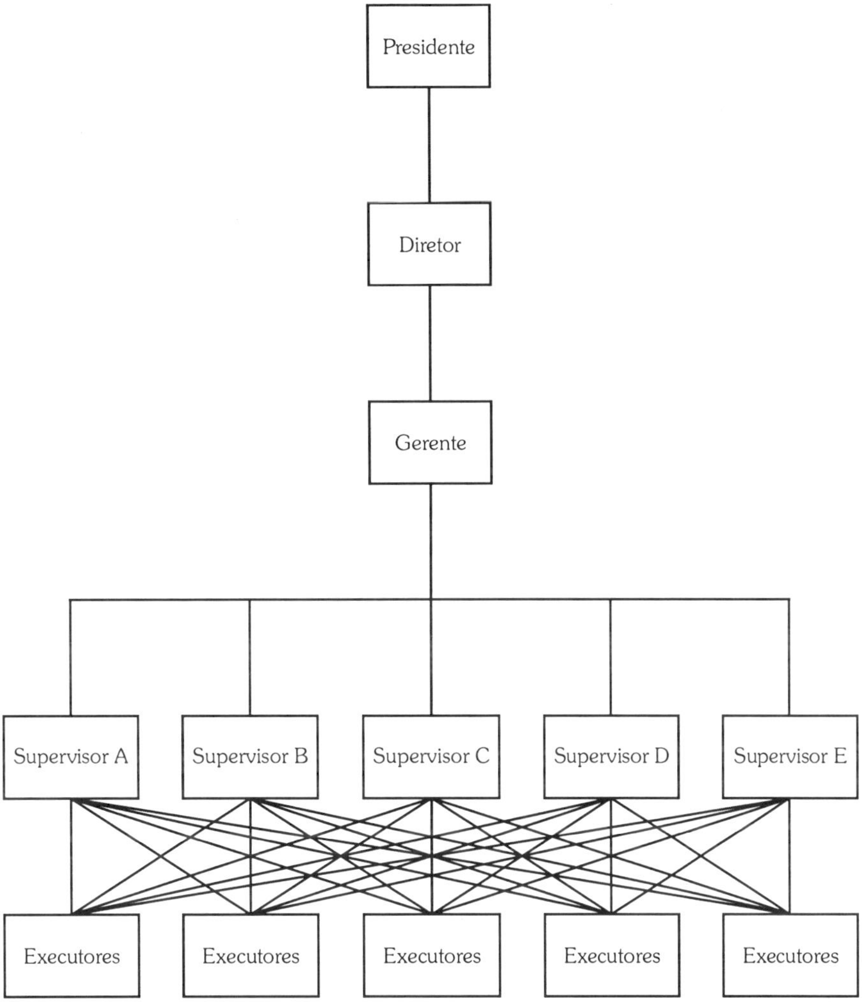

Fluxograma

Refere-se ao fluxo de informações que deve percorrer toda a organização e tem interligações setoriais de grande importância.

Planejamento

O que é planejar? Evidentemente, significa elaborar planos para serem acompanhados e obter resultados futuros. Esse futuro é desconhecido ainda, embora sejam tendências globais e setoriais.

Essas tendências significam a observação de comportamento da economia e do setor, ou ramo de atividade do cenário em que a empresa atua.

Várias são as técnicas e os métodos usados para planejar, porém todos baseados em histórico e tendências.

Como exemplo temos o planejamento de vendas da empresa. Para se obter os resultados futuros, temos que nos apoiar em fatos e valores históricos do período igual ao que estamos planejando, observando inclusive o comportamento do consumidor.

Mesmo o planejamento financeiro que pretendemos elaborar sobre o qual temos que observar o histórico do mesmo período, porém, como este se relaciona com finanças, o comportamento da moeda e do mercado é de fundamental importância.

As ferramentas para o planejamento, como já dissemos, resumem-se em fatos históricos comparando o que foi previsto com o que foi realizado, ou seja: a realização significa os resultados do planejamento anterior.

As empresas organizadas utilizam-se de controles minuciosos para o acompanhamento do que foi realizado, confrontando com o planejado, cabendo a investigação sobre as diferenças quando essas se tornam significativas.

Com a evolução da informática, temos empresas especializadas no desenvolvimento de softwares tanto para o estabelecimento de metas quanto o acompanhamento utilizando gráficos e tendências.

Responsabilidade social

O mundo empresarial vem se empenhando, nos últimos anos, em uma ampla e profunda revisão do seu papel e da sua responsabilidade social, hoje, revestida de um novo significado. Já foi o tempo em que, para uma organização empresarial ser considerada socialmente responsável, bastava gerar empregos, pagar impostos e produzir algum bem ou serviço para o mercado. Isso, na verdade, é seu propósito econômico. Atualmente, o papel reservado à empresa, no conjunto da vida social, está em plena expansão com a adoção de práticas e compromissos perante a sociedade. Além de gerar resultados para remunerar o capital nela investido, por meio do atendimento das necessidades e expectativas de seus clientes, a empresa deve ter compromissos com os seus colaboradores e com a coletividade para se tornar socialmente responsável.

NBR 16001

A NBR 16001:2004, publicada em 30 de dezembro de 2004, passa a servir de referência para organizações que queiram implementar, de forma sistemática, um conjunto de técnicas de gestão da responsabilidade social.

Em linhas gerais, a política e os objetivos da organização devem atender aos requisitos legais e promover o desenvolvimento humano, o bem-estar social, a cidadania e o desenvolvimento sustentável, de forma transparente com a sociedade e levando em consideração a percepção das partes interessadas - qualquer pessoa ou grupo que tem interesse ou que possa ser afetado pelas ações de uma organização.

A norma foi elaborada pela Comissão de Estudo Especial Temporária de Responsabilidade Social, coordenada pela ABNT, do qual ainda fazem parte: representantes da sociedade civil organizada, das empresas privadas, universidades, sindicatos, governo, instituições, associações, entre outros.

O foco da NBR 16001:2004 são as "pessoas"; é o investimento no ser humano e em sua qualidade de vida e não mais apenas nos produtos e processos de uma organização. Em outras palavras, as organizações devem buscar uma melhoria na qualidade de suas relações humanas, considerando os princípios da Declaração Universal dos Direitos Humanos, das Organizações das Nações Unidas, (1948); as Convenções da Organização Internacional do Trabalho; as Metas de Desenvolvimento do Milênio (2000), o Estatuto da Criança e do Adolescente, entre outros documentos que serviram de referência para a publicação da NBR 16001:2004.

Desenvolvimento sustentável

Com o que chamamos de "progresso", vemos hoje a degradação total quase incontrolável do planeta, sempre pela ganância do homem em alcançar resultados sempre financeiros e imediatos. Destroem as florestas criando um desequilíbrio em que nem mesmo eles próprios podem acreditar, os rios despejando os mais variados e estranhos lixos e assim por diante.

Diante dessa terrível e triste constatação surge a idéia do desenvolvimento sustentável, que busca conciliar o desenvolvimento econômico com a preservação ambiental, e com isso amenizar pelo menos a pobreza no mundo.

As pessoas de bem acreditam que o desenvolvimento sustentável seja possível, ou seja, os programas de educação ambiental devem ser colocados com força, de forma a "acordar" quem ainda não se engajou em programas dessa natureza.

O que é então o desenvolvimento sustentável se não o equilíbrio entre a tecnologia e o ambiente, revelando-se os diversos grupos sociais de uma nação e também dos diferentes países na busca da eqüidade e justiça social, assim definido pelos estudiosos do assunto.

Voluntariado corporativo

A organização, por meio da atuação do voluntário, entra na vida da comunidade, que entra na vida da organização. Atualmente é de se questionar a tendência do colaborador logo por ocasião de sua admissão sobre as tendências em "servir". As empresas socialmente corretas que estão inseridas na sociedade não só com tendências comerciais e econômicas, mas também para atender e servir essa coletividade de uma forma acolhedora, têm de ter integradas em seus quadros, colaboradores com a mesma tendência.

Quando existe essa tendência no âmbito corporativo, os efeitos são sentidos instantaneamente e se refletem na relação das pessoas consigo mesmas, com a organização, com os colegas de trabalho e acima de tudo com uma causa de natureza social.

O voluntário hoje, que presta serviços a um programa de preservação ambiental, de atendimento a crianças ou de melhoria da escola, está participando da causa ambientalista, da luta pelos direitos da criança.

Qualidade e meio ambiente

NBR ISO 14000

A ISO - International Standardization for Organization é uma organização não-governamental sediada em Genebra, fundada em 23 de fevereiro de 1947, com o objetivo de ser o fórum internacional de normalização, que atua como entidade harmonizadora das diversas agências nacionais. Noventa e cinco por cento da produção mundial estão representados na ISO por mais de uma centena de países membro.

As organizações de todos os tamanhos vêm crescentemente aumentando suas atenções para os impactos de suas atividades, produtos e serviços.

Essas organizações têm suas preocupações voltadas à manutenção e melhoria da qualidade do meio ambiente e também à proteção da saúde humana, objetivando alcançar um desempenho ambiental consciente, comprometendo-se com o aprimoramento contínuo.

A ISO 14000 tem como objetivo geral fornecer assistência para as organizações que se enquadrarem nos seus propósitos, na implantação de um Sistema de Gestão Ambiental - SGA.

Um SGA oferece ordem e consistência para o atendimento das preocupações ambientais por meio de alocações de recursos, definição de responsabilidades e comprometimento com o "desenvolvimento sustentável".

O desenvolvimento sustentável (DS) busca, na verdade, conciliar o desenvolvimento econômico com a preservação ambiental e como conseqüência amenizar ou colocar fim à pobreza no mundo.

Os estudiosos do assunto acreditam que hoje já é possível pensar em conciliar tanto o progresso e tecnologia com um ambiente saudável.

Da forma acelerada com que vemos o progresso, podemos concluir que ele pode acabar com o ambiente, ou, em outras palavras, destruir o planeta.

Resíduos, impactos ambientais e poluição

Temos que mudar urgentemente a interpretação e o modo de entendimento que temos sobre *lixo ou resíduo*. As práticas ambientalmente corretas resultam em promissoras alternativas de geração de renda por meio da crescente comercialização dos subprodutos originários de diversos processos industriais.

Esses subprodutos agregam valor a todos os processos da empresa e promovem a sustentabilidade ambiental por meio da reciclagem, reúso ou reutilização desses componentes.

A preocupação das empresas e também dos técnicos ambientais no sentido de comercializar esses subprodutos dá-se muito mais pelo compromisso da preservação ambiental e da saúde humana do que simplesmente como fator de seu reaproveitamento efetivo.

Os resíduos sólidos, em função de sua natureza, podem gerar impactos à atmosfera, ao solo, ao lençol freático e ao ecossistema, durante todo o seu ciclo de vida tanto nas dependências da empresa quanto fora delas.

De acordo com as Leis nº 6938/81, que instituem a Política Nacional de Meio Ambiente, e a 9605/98, que trata dos crimes ambientais, a responsabilidade pela reparação de qualquer dano ambiental é objetiva e solidária.

Isso significa que a empresa será chamada para remediar qualquer passivo gerado devido à má gestão de resíduos, independente do fato gerador. Sua responsabilidade não cessa quando os resíduos deixam suas instalações, perdurando durante todo o tempo que ele representar risco ambiental, incluindo sua destinação final.

Preservação e conservação da água e dos recursos hídricos - o código da água

Estabelecido pelo Decreto Federal nº 24.643, de 10 de julho de 1934, o código da água consubstancia a legislação básica brasileira de águas. Esse código, por ter sido pensado há mais de 70 anos, é considerado avançado, mas nos dias atuais precisa ser ajustado à Constituição Federal de 1988.

É assegurado o uso gratuito de qualquer corrente ou nascente de água para as primeiras necessidades da vida por intermédio do referido código e permite a todos usar as águas públicas de conformidade com regulamentos administrativos.

Fica impedida, no entanto, a derivação das águas públicas para aplicação na agricultura, na indústria e na higiene, sem a existência de concessão, no caso de utilidade pública, e de autorização nos outros casos, mas a prioridade é o abastecimento das populações.

Existe uma infinidade de estudos que podem ser verificados, consultados no site www.universidadedaagua.com.br.

Exercícios para verificação de aprendizagem

Responda às questões preenchendo espaços vazios, complete, resolva ou escolha uma das alternativas.

1. Qual o objetivo de uma empresa?

2. Quais são os quatro elementos necessários para que uma empresa atinja seu objetivo?

3. Pessoa física é o ________________ ou pessoa natural dotada de vontade própria e capaz de ________________ e ________________.

4. O empresário pode ser pessoa jurídica?

( ) Sim ( ) Não

5. Em que órgão são arquivados os atos constitutivos das empresas comerciais, industriais e prestadoras de serviços?

6. As empresas exclusivamente de prestação de serviços têm a opção de arquivar seus atos constitutivos no ______________________________.

7. Com base na Receita Bruta Anual, como são classificadas as Microempresas (ME) e as Empresas de Pequeno Porte (EPP)?

8. Baseado nas informações e conhecimentos adquiridos, monte o Contrato Social a seguir:

Contrato de constituição de sociedade

1- ____
____
____

2- ____
____
____

Tem entre si, justos e contratados, a constituição de uma sociedade limitada que se regerá pelas cláusulas e condições seguintes e nas condições seguintes e nas omissões, pela legislação específica que disciplina essa forma societária.

CLÁUSULA PRIMEIRA - DA DENOMINAÇÃO SOCIAL, SEDE E FORO

A sociedade girará sob a razão social de ____
____________________ e terá sede e domicilio na cidade de ____________________ na
____
____, podendo abrir filiais ou sucursais em qualquer ponto do território nacional, obedecendo as disposições vigentes.

CLÁUSULA SEGUNDA - OBJETO

A sociedade terá por objetivo ____

Parágrafo único: A sociedade poderá participar em outras empresas, podendo expandir seu objeto mediante aditivo, desde que haja interesse por parte dos sócios.

CLÁUSULA TERCEIRA - DA DURAÇÃO

A sociedade iniciará suas atividades a partir da data de registro deste nos órgãos competentes e seu prazo de duração é por tempo indeterminado, podendo ser dissolvida pela vontade dos sócios, sendo seu patrimônio dividido entre os mesmos, na proporção de suas quotas sociais (artigo 997, II, NCC/2002).

CLÁUSULA QUARTA - DO CAPITAL SOCIAL

O capital social da empresa será de R$________________ (______________________________
____________________) representados por __________ (____________________) quotas no valor nominal e unitário de R$ _______ (____________________) cada uma, totalmente subscrito e integralizado nesta data em moeda corrente do País e distribuído entre os sócios da seguinte forma:

NOME DOS SÓCIOS	QUOTAS	VALOR	%
TOTAL			

Parágrafo Primeiro: A responsabilidade de cada sócio é restrita ao valor de suas quotas, mas ambos respondem solidariamente pela integralização do capital social (artigo 1052, NCC/2002).

Parágrafo Segundo: As quotas da sociedade serão indivisíveis e não poderão ser cedidas ou transferidas sem o expresso consentimento dos sócios, cabendo em igualdade de condições o direito de preferência ao sócio que queira adquiri-las (artigo 1057, NCC?2002)

Parágrafo Terceiro: Os sócios são obrigados a reposição dos lucros e das quantias retiradas, a qualquer título, mesmo aquelas autorizadas em contrato, quando tais lucros ou quantias se distribuírem com prejuízo do capital.

CLÁUSULA QUINTA - DA ADMINISTRAÇÃO

A administração será exercida ______________________________ que usará(ão) a firma ______________________________, e a ele (s) caberá a responsabilidade de representação ativa e passiva da sociedade, judicial e extrajudicialmente tão somente nos negócios que digam respeito aos interesses da sociedade, sendo proibido o seu uso para fins estranhos, tais como endosso de favor, cartas de fiança, outros documentos análogos que acarretem responsabilidade para a sociedade (artigo 997, VI, 1013, 1015, 1064, NCC/2002).

Parágrafo Único: O presente contrato é reformável, inclusive no tocante á administração e gerenciamento, o que será feito por intermédio de alteração contratual.

CLÁUSULA SEXTA - DA RETIRADA DE PRÓ-LABORE

Os sócios poderão efetuar uma retirada mensalmente a título de ***pró-labore*** dentro do regulamento do Imposto de Renda e da Previdência Social em vigor e a conveniência da empresa e dos sócios, e que será levado a débito, quando houver, na conta ***DESPESAS GERAIS***.

Parágrafo Único: Os valores de ***pró-labore*** serão determinados mensalmente de acordo com a capacidade financeira da sociedade e os resultados apurados pela mesma.

CLÁUSULA SÉTIMA - DO EXERCÍCIO SOCIAL E PARTICIPAÇÃO NOS RESULTADOS

Ao término de cada exercício social em 31 de dezembro de cada ano, será apurado o resultado do período por meio de balanço patrimonial e havendo lucro, será distribuído aos sócios, proporcional às suas quotas, quando houver disponibilidade. E, se houver prejuízo, será suportado pelos sócios na proporção de suas quotas ou ficarão em suspenso para futura amortização (artigo 1065, NCC/2002).

CLÁUSULA OITAVA - DO FALECIMENTO OU INTERDIÇÃO DOS SÓCIOS

No caso de falecimento de um dos sócios, a sociedade continuará, com o sócio remanescente e os herdeiros do sócio falecido, caso manifestem sua intenção de nela permanecerem, por escrito, no prazo de 60 (sessenta) dias, a contar da ocorrência do óbito. Caso não haja interesse dos herdeiros de ingressarem na sociedade, os haveres do sócio falecido serão apurados com base em um balanço especial levantado para esse fim, então, os herdeiros receberão todos os seus haveres apurados até o balanço especial, em 10 (dez) prestações iguais e sucessivas, vencendo-se a primeira após 120 (cento e vinte) dias da data do balanço especial (artigo 1028 e 1031, NCC/2002).

Parágrafo Único: O sócio que vier a ser considerado incapaz poderá permanecer na sociedade, desde que assistido ou representado conforme o caso.

CLÁUSULA NONA - DO DESIMPEDIMENTO

Os sócios declaram sob as penas da Lei que não estão impedidos de exercer a administração da sociedade, por lei especial, ou em virtude de condenação criminal, ou por se encontrar sob os efeitos dela, a pena que vede, ainda que temporariamente, o acesso a cargos políticos, ou por crime familentar, de prevaricação, feita ou suborno, concussão, peculato, ou contra a economia popular, contra o sistema financeiro nacional, contra as normas de defesa da concorrência, contra as relações de consumo, fé pública, ou a propriedade (artigo 1011, parágrafo 1º, NCC/2002).

CLÁUSULA DÉCIMA - DA EXCLUSÃO DOS SÓCIOS

A maioria representativa de mais que a metade do capital social, poderá excluir por justa causa, mediante alteração do contrato social, o sócio que estiver pondo em risco a continuidade da empresa em virtude de atos de inegável gravidade.

Parágrafo Primeiro: a exclusão de que se trata esta cláusula, será determinada em reunião dos sócios--quotistas convocada para esta finalidade, devendo o acusado ser notificado por escrito com antecedência mínima de 30 (trinta) dias, para que o mesmo possa comparecer à reunião e exercer o seu direito de defesa, sob pena de revelia.

Parágrafo Segundo: O valor da cota do sócio excluído será considerado pelo montante efetivamente realizado e será paga ao mesmo em dinheiro, dentro de 90 (noventa) dias, com base na situação patrimonial da sociedade à data da reunião, verificada em balanço especialmente levantado no prazo mínimo de 30 (trinta) dias, contados da data da referida reunião.

Parágrafo Terceiro: Os sócios remanescentes poderão optar pelo suprimento das quotas do excluído ou pela redução do capital social, conforme deliberação da maioria na mesma reunião em que for decidida a exclusão.

CLÁUSULA DÉCIMA PRIMEIRA - DAS DIVERGÊNCIAS E FORO

As divergências entre os sócios serão dirimidas por dois árbitros que eles nomearão, os quais, se não chegarem a um acordo, escolherão um terceiro desempatador, assim como fica nomeado o Foro desta comarca de ____

______________________, Estado de ______________ para dirimir quaisquer controvérsias oriundas do presente contrato e para ações judiciais.

E, por estarem assim justos e contratados, assinam o presente "CONTRATO SOCIAL" em 03 (três) vias de igual teor e forma, na presença de duas testemunhas de ambas as partes conhecidas e posteriormente, para validade, ser registrado e arquivado na JUCESP.

____________________, ___ de ______________ de 200___

As partes

______________________________ ______________________________

Testemunhas

______________________________ ______________________________

9. Desenvolva o organograma de uma empresa ou da empresa que estiver trabalhando ou estagiando. Solicite a colaboração de seu orientador chefe ou superior.

Pesquisar na empresa em que estiver estagiando ou trabalhando com a ajuda de seu superior.

10. Pesquise em sua empresa o comprometimento dela com relação ao meio ambiente e faça um trabalho a respeito.

Capítulo 2

Contabilidade Geral e Custos

Conceito de contabilidade
Princípios da contabilidade
Funções da contabilidade
Finalidades da contabilidade
Usuários da contabilidade
Patrimônio e seus elementos
Situações líquidas patrimoniais
Contas
Classificação das contas
Noções de débito e crédito
Origem e aplicação de recursos
Mapa das contas
Escrituração
Elementos essenciais do lançamento
Um caso prático de contabilidade
Demonstrativos contábeis
Noções de custos

Conceitos de contabilidade

Contabilidade é uma ciência que permite, por intermédio de suas técnicas, manter um controle permanente do patrimônio da empresa.

A partir desse conceito podem ocorrer indagações como:

O que é patrimônio? ou O que é empresa?

Patrimônio é um conjunto de **bens** pertencentes a uma empresa ou pessoa, **direitos** que são os valores a receber e as **obrigações** que são os compromissos assumidos e dívidas a serem pagas, tudo avaliado em moeda.

Princípios de contabilidade

Princípio é a causa da qual algo procede, é a origem, o começo de um fenômeno ou de uma série de fenômenos.

Os princípios, quando entendidos como preceitos básicos e fundamentais de uma doutrina, são imutáveis, quaisquer que sejam as circunstâncias de tempo ou lugar em que a doutrina é estudada.

O Instituto dos Auditores Independentes do Brasil conceituou da seguinte forma os chamados "Princípios de Contabilidade Geralmente Aceitos": As normas resultantes do desenvolvimento da aplicação prática dos princípios técnicos emanados da Contabilidade, de uso predominante no País e nas atividades em que se aplicarem, proporcionando interpretação uniforme das demonstrações contábeis dela resultante".

Apresentamos os princípios de contabilidade conforme determina a resolução nº 750/93 do Conselho Federal de Contabilidade e que constituem normas indispensáveis à elaboração da Escrituração e das Demonstrações Contábeis no Brasil.

I) Princípio da entidade

O patrimônio da entidade não se confunde com o dos seus sócios, acionistas ou proprietário individual. As mutações ocorridas no patrimônio da entidade, sejam meramente permutativas ou modificativas do patrimônio líquido, somente refletem riqueza patrimonial quando seus titulares são atribuídos resultados econômicos. Ou seja, o princípio da entidade distinta e independente das pessoas a ela ligadas.

II) Princípio da continuidade

A vida da entidade é continuada. Por conseqüência, como as demonstrações contábeis são estáticas, não podem ser desvinculadas dos períodos anteriores e subseqüentes. Ocorrendo a descontinuidade, o fato deve ser divulgado, pois a realização dos valores patrimoniais de entidade não se processa de acordo com o balanço, pelas seguintes razões:

- Os débitos e créditos de terceiros, de vencimento futuro, têm, na data do balanço, valores atuais inferiores aos nominais constantes das demonstrações contábeis.
- Os valores do ativo fixo apresentam-se no balanço com valores atuais diferentes dos de mercado.
- Alguns valores diferidos perdem sua possibilidade de realização quando a entidade encerra suas atividades.
- Alguns ativos intangíveis somente têm valor quando há continuidade na vida operacional da entidade.
- Os estoques, mesmo que haja controle, podem perder seu valor caso se deseje liquidá-los.
- A cessação das atividades da entidade importa em imediata interrupção de suas receitas, mas nem sempre interrompe seus custos, que prosseguem na fase de liquidação.

III) Princípio da oportunidade

As mudanças nos ativos, passivos e na expressão contábil do patrimônio líquido devem ser reconhecidas formalmente nos registros contábeis, logo que ocorrerem, ainda que seus valores sejam razoavelmente estimados e as provas documentais posteriormente completadas.

IV) Princípio do registro pelo valor original

Os componentes do patrimônio devem ser registrados pelos valores originais das transações com o mundo exterior, expressos a valor presente na moeda do País, que serão mantidos na avaliação das variações patrimoniais posteriores, inclusive quando figurarem agregações ou decomposições no interior da entidade. Os fenômenos heterogêneos que compõem o patrimônio devem ser representados por um denominador comum, que é a moeda. Se esta não for uniforme, não existirá o denominador comum.

V) Princípio da atualização monetária

Os efeitos da alteração do poder aquisitivo da moeda nacional devem ser reconhecidos nos registros contábeis, por meio do ajustamento da expressão formal dos valores dos componentes patrimoniais.

VI) Princípio da competência

As receitas e as despesas devem ser incluídas na apuração do resultado do período em que ocorrerem, sempre simultaneamente, quando se correlacionarem, independentemente de recebimento ou pagamento. A inobservância a esse princípio gera a atribuição de resultados irreais ao exercício e compromete a fidelidade da demonstração patrimonial, pois nesta não figuram as despesas e receitas diferidas nem os direitos e obrigações decorrentes de receitas e despesas não apropriadas.

VII) Princípio da prudência

Determina a adoção do menor valor para os componentes do ativo e do maior para os do passivo. Sempre que se apresentarem alternativas igualmente válidas para a quantificação das mutações patrimoniais que alterem o patrimônio líquido, existe a necessidade de aceitá-lo como fundamental para que as demonstrações contábeis representem, da forma mais adequada possível, a realidade patrimonial.

Funções da contabilidade

As principais funções da contabilidade são: registrar, organizar, demonstrar, analisar e acompanhar as modificações do patrimônio em virtude da atividade econômica ou social que a empresa exerce no contexto econômico.

Registrar: todos os fatos que ocorrem e podem ser representados em valor monetário.

Organizar: um sistema de controle adequado à empresa.

Demonstrar: com base nos registros realizados, expor periodicamente por meio de demonstrativos a situação econômica, patrimonial e financeira da empresa.

Analisar: os demonstrativos podem ser analisados com a finalidade de apuração dos resultados obtidos pela empresa.

Acompanhar: a execução dos planos econômicos da empresa, prevendo os pagamentos a serem realizados, as quantias a serem recebidas de terceiros e alertando para eventuais problemas.

Finalidades da contabilidade

As finalidades fundamentais da contabilidade referem-se à orientação da administração das empresas no exercício de suas funções. Portanto, a contabilidade é o **controle** e o **planejamento** de toda e qualquer entidade socioeconômica.

Controle: a administração por meio das informações contábeis via relatórios pode certificar-se, na medida do possível, de que a organização está agindo em conformidade com os planos e políticas determinados.

Planejamento: a informação contábil, principalmente no que se refere ao estabelecimento de padrões e ao inter-relacionamento da contabilidade e os planos orçamentários, é de grande utilidade no planejamento empresarial, ou seja, no processo de decisão sobre que curso de ação deve ser tomado para o futuro.

Usuários da contabilidade

Os usuários são as pessoas que se utilizam da contabilidade, que se interessam pela situação da empresa e buscam nos instrumentos contábeis as suas respostas. Podem ser divididos em usuários internos e usuários externos.

Usuários internos: são todas as pessoas ou grupos de pessoas relacionadas com a empresa e que têm facilidade de acesso às informações contábeis, como:

- **Gerentes**: para tomada de decisões;
- **Funcionários**: com interesse em pleitear melhorias;
- **Diretoria**: para execução de planejamentos organizacionais.

O usuário interno principal da informação contábil na entidade moderna é a alta administração que, pela proximidade com a contabilidade, pode solicitar a elaboração de relatórios específicos para auxiliar na gestão do negócio.

Os relatórios específicos, além de abrangerem quaisquer áreas de informação (fluxo financeiro, disponibilidades, contas a pagar, contas a receber, aplicações financeiras, compras e vendas no dia ou no período e os gastos gerais de funcionamento), podem ser elaborados diariamente ou em curtos períodos de tempo (semana, quinzena, mês, etc.) de acordo com as necessidades administrativas.

Usuários externos: todas as pessoas, grupo de pessoas ou organismos sem facilidade de acesso direto às informações, mas que as recebem de publicações das demonstrações pela entidade, ou exigem de acordo com a Lei, tais como:

- **Bancos**: interessados nas demonstrações financeiras com a finalidade de analisar a concessão de financiamentos e medir a capacidade de retorno.
- **Concorrentes**: interessados em conhecer a situação da empresa para poder atuar no mercado.
- **Governo**: que necessita obter informações sobre as receitas e as despesas para atuar sobre o resultado operacional no que concerne a sua parcela de tributação e planejamento macroeconômico.
- **Fornecedores**: interessados em conhecer a situação da entidade para poder continuar ou não as transações comerciais com a entidade, além de medir a garantia de recebimento futuro.
- **Clientes**: interessados em medir a integridade da entidade e a garantia de que seus pedidos serão atendidos nas suas especificações e no tempo acordado.

Patrimônio e seus elementos

Elementos do patrimônio estudados pela contabilidade.

(+)	(–)
Bens	**Obrigações**
• Dinheiro	• Contas a pagar
• Veículos	• Títulos a pagar
• Mercadorias p/ revenda	• Salários a pagar
• Computadores	• Impostos a pagar
• Máquinas e equipamentos	• Duplicatas a pagar
• Móveis e utensílios	• Financiamentos bancários
• Prédios	• Fornecedores
• Etc.	• Etc.
Direitos	
• Contas a receber	
• Títulos a receber	
• Clientes	

Em que: **Bens + Direitos** formam a parte positiva do patrimônio.

Obrigações formam a parte negativa do patrimônio.

Bens

Sob o ponto de vista contábil, **bem** significa tudo aquilo que uma empresa possui, seja para uso, troca ou consumo. Os bens podem ser **materiais** e **imateriais**. Os **bens materiais** constituem todas as coisas ou objetos concretos da empresa, representados por seu valor monetário. Exemplo: móveis, dinheiro, imóveis, máquinas, veículos, mercadorias em estoque, etc. Os **bens imateriais** são aqueles que não existem fisicamente. Exemplos: marcas, patentes, luvas, gastos com pesquisa, etc.

Direitos

São valores que a empresa tem a receber de terceiros, decorrentes de bens, serviços ou dinheiro que ela forneceu. Exemplos: duplicatas a receber referentes às vendas a prazo, dívidas a receber, etc.

É comum as empresas efetuarem vendas a prazo. Quando isso ocorre, a empresa não recebe no ato o dinheiro correspondente à venda; receberá futuramente, porque a venda foi a prazo. Sendo assim, a empresa fica com **direito** de receber o valor da venda no prazo determinado.

Esses direitos geralmente aparecem com os nomes dos elementos seguidos da expressão **a receber**.

Exemplos:

Elemento	Expressão
Duplicatas	a Receber
Promissórias	a Receber
Aluguéis	a Receber

Obrigações

São valores correspondentes a dívidas ou compromissos que a empresa assume com terceiros, decorrentes de bens, serviços ou empréstimos que ela recebeu. Exemplos: duplicatas a pagar referentes a compras a prazo, empréstimos a pagar, promissórias a pagar, etc.

É comum também as empresas efetuarem compras a prazo. Quando isso ocorre, a empresa não paga a compra no ato; deverá pagar futuramente, porque a compra foi a prazo. Nesse caso, a empresa fica com a **obrigação** de pagar o valor da compra no prazo determinado.

Essas obrigações geralmente aparecem com os nomes dos elementos seguidos da expressão **a pagar**.

Exemplos:

Elemento	Expressão
Duplicatas	a Pagar
Promissórias	a Pagar
Aluguéis	a Pagar
Salários	a Pagar
Impostos	a Pagar

Patrimônio líquido

É o quarto grupo de elementos patrimoniais que, juntamente com os bens, os direitos e as obrigações, completará a demonstração contábil denominada balanço patrimonial.

O total do grupo Patrimônio Líquido é igual ao valor da Situação Líquida da empresa.

Representa os valores que pertencem à empresa. Se considerarmos tudo o que a empresa tem (bens + direitos) e subtrairmos o que ela deve (obrigações), encontraremos o Patrimônio Líquido.

O Patrimônio Líquido é composto basicamente pelo capital da empresa, acrescido ou diminuído dos lucros ou prejuízos que ela obtém em seus negócios.

Esse grupo, no balanço patrimonial de uma empresa, aparece sempre do lado direito, juntamente com as obrigações.

Demonstração:

Ativo	Passivo
Bens	Obrigações
Direitos	Patrimônio Líquido

Situações líquidas patrimoniais

É obtida com a aplicação da **equação patrimonial** apresentada em seguida:

BENS + DIREITOS – OBRIGAÇÕES = SITUAÇÃO LÍQUIDA PATRIMONIAL

Existem três possíveis situações líquidas patrimoniais. São elas:

1ª) *Ativo maior que o passivo*

Ocorre quando a soma dos bens com os direitos é maior que a soma das obrigações.

Neste caso, a situação líquida chama-se:

1. Situação Líquida Positiva
2. Situação Líquida Ativa
3. Situação Líquida Superavitária

Veja a razão:

Situação Líquida Positiva porque o total dos elementos positivos (bens + direitos) supera o total dos elementos negativos (obrigações).

Situação Líquida Ativa porque o total do ativo (bens = direitos) supera o total do passivo (obrigações).

Situação Líquida Superavitária por ser uma situação positiva.

2ª) *Ativo menor que o passivo*

Ocorre quando a soma dos bens com os direitos é menor que a soma das obrigações.

Neste caso, a situação líquida chama-se:

1. Situação Líquida Negativa
2. Situação Líquida Passiva
3. Situação Líquida Deficitária
4. Passivo a Descoberto

Situação Líquida Negativa porque o total dos elementos negativos (obrigações) supera o total dos elementos positivos (bens = direitos).

Situação Líquida Passiva porque o total do passivo (representado apenas por obrigações) é superior ao total do ativo (bens = direitos).

Situação Líquida Deficitária por ser uma situação negativa.

Passivo a Descoberto porque o total do ativo não é suficiente para cobrir o total do passivo.

3ª) *Ativo igual ao passivo*

Ocorre quando o total dos bens mais direitos é igual ao total das obrigações.

Neste caso a situação líquida é nula, inexistente.

Contas

Conta é a denominação técnica dada a cada elemento do **patrimônio** (bens e direitos) e a cada elemento do **resultado** (receitas e despesas).

Os lançamentos a débito ou a crédito na contabilidade carecem de um lugar para armazenar os valores correspondentes. Podemos ainda dizer que **conta** é a representação gráfica que normalmente possui um título técnico estabelecido por convenção contábil.

A padronização das contas tem como objetivo o entendimento universal das peças contábeis, com o objetivo de analisar um balanço ou balancete e sua respectiva comprovação dentro das conformidades legais.

Classificação das contas

Contas Patrimoniais	Contas de Resultado
Contas do Ativo (+) Contas do Passivo (–)	Contas de Despesas (–) Contas de Receitas (+)

Patrimoniais

Contas do ativo

É o conjunto de **bens e direitos** de propriedade da empresa. São os itens ou elementos **positivos (+)** do patrimônio, que trazem benefícios, proporcionando ganhos para a empresa. São bens em uso na empresa para promoção de suas atividades ou direitos a receber que podem tornar-se um bem disponível dentro do patrimônio.

Exemplo: **caixa, bancos, móveis, valores a receber, etc.**

As contas do ativo se dividem em três grupos:

- Circulante
- Realizável a longo prazo
- Permanente

Contas do passivo

Significam as **obrigações** exigíveis da empresa, ou seja, as dívidas que serão cobradas.

Exemplo: **duplicatas a pagar, impostos a recolher, salários a pagar, etc.**

- **Circulante**: são as obrigações a curto prazo.
- **Exigível a longo prazo**: valores que excedem o exercício social.
- **Resultados de exercícios futuros**: pouco usados e funcionam como previsões.
- **Patrimônio líquido**: obrigações, por prazo indeterminado, com os sócios.

Contas de resultado

Não representam o patrimônio, mas os fatos que provocam **variações** no patrimônio. É por meio dessas contas que a empresa, no final do exercício, vai apurar o seu **resultado (lucro ou prejuízo)**.

Receitas: são valores que a empresa obtém pelo exercício de suas atividades. Exemplos: venda de mercadorias, prestação de serviços a terceiros, juros recebidos sobre pagamentos de clientes em atraso, etc. As receitas obtidas alteram positivamente o resultado do exercício contábil.

Despesas: são bens de consumo ou serviços utilizados na empresa. As despesas podem ser geradas independentemente de pagamentos, mas podemos dizer que são valores que a empresa gasta em bens e serviços necessários para desenvolver suas atividades e obter receitas. Exemplos: salário de funcionários, consumo de energia elétrica e consumo de água, aluguel do prédio, etc. As despesas realizadas alteram negativamente o resultado do exercício contábil.

Noções de débito e crédito

Não confunda a linguagem comum com a terminologia contábil.

Na linguagem comum, **débito** significa dívida, situação negativa, estar em débito com alguém, estar devendo para alguém, etc.

Na linguagem contábil, **débito** tem vários significados que raramente correspondem à linguagem comum.

Na linguagem comum, **crédito** significa ter crédito com alguém, em uma loja, situação positiva, poder comprar a prazo, etc.

Na terminologia contábil, a palavra **crédito** também possui vários significados.

É importante memorizar o seguinte:

Na representação gráfica que usamos para as contas que compõem o patrimônio (balanço patrimonial) e as contas de resultados, o lado esquerdo é o lado do **débito** e o direito representa o **crédito**.

Origem e aplicação de recursos

Cabe aqui uma nota de fundamental importância na interpretação da leitura do patrimônio sob o ponto de vista contábil com relação aos recursos de uma empresa.

Todo recurso é originado no Passivo e aplicado no Ativo

Isso quer dizer que do lado do passivo, representado pelas contas de natureza negativa, temos a origem que se dá de duas formas:

- Recursos próprios, representados principalmente pelo capital, reservas e lucros em suspenso.
- Recursos de terceiros, representados pelos fornecedores, empréstimos em bancos, financiamentos, etc.

Por outro lado vemos que esses recursos que se originam no Passivo, são aplicados no Ativo, em imóveis, equipamentos, dinheiro em caixa e em bancos, móveis, computadores, estoques de mercadorias e matérias-primas, etc.

Mapa das contas

Na representação gráfica do patrimônio temos o seguinte:

- **Lado esquerdo**: composto por contas devedoras, pelo ativo, pelas despesas, representa a aplicação dos recursos.
- **Lado direito**: composto por contas credoras, pelo passivo, pelas receitas e representa a origem dos recursos, divididos em recursos de terceiros e recursos próprios.

Escrituração

É uma técnica que consiste em registrar nos livros próprios (diário, razão, caixa, etc.) todos os fatos administrativos que ocorrem na empresa por intermédio de lançamentos.

Lançamento é o registro dos fatos administrativos, enquanto **escrituração** é o conjunto de lançamentos.

A gestão do patrimônio das empresas se dá pelos fatos administrativos registrados por meio da escrituração.

Livros utilizados na escrituração

Dos vários livros usados pelas empresas, vamos destacar apenas os utilizados pela contabilização dos fatos administrativos, que são:

- **Livro Diário**: é obrigatório pela legislação comercial e está sujeito às formalidades legais.
- **Livro Razão**: de grande utilidade para a contabilidade porque registra o movimento de todas as contas. A sua escrituração passou a ser obrigatória a partir de 1991 (artigo 14 da Lei nº 8.218 de 29/08/91).
- **Livro Caixa**: é auxiliar, no qual são registrados todos os fatos administrativos que envolvam entradas e saídas de dinheiro.
- **Livro Contas Correntes**: é auxiliar do Livro Razão e serve para controlar as contas que representam direitos e obrigações para a empresa.

Elementos essenciais do lançamento

Todo lançamento deve ter os seguintes elementos essenciais:

- **Local e data da ocorrência do fato**
- **Conta a ser debitada**
- **Conta a ser creditada**
- **Histórico**
- **Valor**

Um caso prático de contabilidade

Para entender toda essa teoria apresentada sobre a Ciência da Contabilidade, é preciso lançar mão de exemplos práticos. Vamos supor uma empresa em início de funcionamento, sendo seus principais fatos contábeis:

- Abertura da empresa com integralização do capital pelos sócios em dinheiro no valor de R$ 20.000,00.
- Depósito em conta-corrente no Banco Cobrajuros S.A. no valor de R$ 15.000,00 em dinheiro.
- Aquisição de um microcomputador e de uma impressora no valor de R$ 2.000,00 em cheque do Banco Cobrajuros S.A.

- Compra de mercadorias destinadas à revenda no valor de R$ 10.000,00 a prazo, do fornecedor Pelourinho Atacadista Ltda.
- Compra de mercadorias do fornecedor Tenha dó Alimentos Ltda., destinadas à revenda no valor de R$ 2.000,00 à vista em cheque do Banco Cobrajuros S.A.
- Pagamento de duplicata do fornecedor Pelourinho Atacadista Ltda. referente à compra a prazo, conforme cheque do Banco Cobrajuros S.A. no valor de R$ 3.000,00.
- Venda de mercadorias a prazo a diversos clientes no valor de R$ 6.000,00.
- Aquisição de instalações destinadas ao depósito da empresa à vista em dinheiro, do fornecedor Tecnolândia Móveis Ltda., no valor de R$ 3.000,00.
- Recebimento de diversos clientes pela venda a prazo anteriormente feita, em dinheiro, no valor de R$ 4.000,00.
- Depósito em conta-corrente do Banco Cobrajuros S.A. no valor de R$ 4.000,00.

Levantamos os **fatos administrativos** que serão lançados na contabilidade, acompanhando os seguintes passos:

Primeiramente é preciso ter um **Plano de contas** para sabermos onde lançar esses fatos. Devemos ter uma certa coerência entre os fatos administrativos e as contas que são os locais onde lançamos a ocorrência.

Para nossa orientação, vamos nos utilizar de um Plano de contas adaptado à atividade da empresa em questão, que ora apreciamos os primeiros fatos administrativos:

Plano de contas

1 - ATIVO

11- CIRCULANTE

111- DISPONÍVEL

111-1 Caixa

111-2 Bancos Conta Movimento

111-2-1 Banco Cobrajuros S.A.

111-3 Bancos Conta Aplicações de Liquidez Imediata

111-3-1 Banco Cobrajuros S.A.

112- CRÉDITOS

112-1 Duplicatas a Receber
112-2 Títulos a Receber

113- MERCADORIAS

12- REALIZÁVEL A LONGO PRAZO
121- CRÉDITOS
121-1 Duplicatas a Receber
121-2 Aplicações Financeiras
121-3 Títulos a Receber

13- PERMANENTE
131- IMOBILIZADO
131-1 Instalações
131-2 Imóveis
131-3 Máquinas e Equipamentos
131-4 Equipamentos de Informática
131-5 Móveis e Utensílios
131-6 Veículos

2 - PASSIVO

21- CIRCULANTE
211- FORNECEDORES
211-1 Fornecedor "A"
211-2 Fornecedor "B"
211-3 Fornecedor "C"

212- CONTAS A PAGAR
213- OBRIGAÇÕES TRABALHISTAS
213-1 Salários a Pagar
213-2 Pró-Labore a Pagar

214- OBRIGAÇÕES FISCAIS E SOCIAIS A RECOLHER
214-1 I.S.S.Q.N. a Recolher
214-2 P.I.S. a Recolher
214-3 I.R.Fonte a Recolher
214-4 I.N.S.S. a Recolher
214-5 F.G.T.S. a Recolher
22- EXIGÍVEL A LONGO PRAZO
221- EMPRÉSTIMOS E FINANCIAMENTOS
222- TÍTULOS A PAGAR

23- PATRIMÔNIO LÍQUIDO
231- CAPITAL SOCIAL
231- LUCROS OU PREJUÍZOS ACUMULADOS

3 - DESPESAS

31- DESPESAS ADMINISTRATIVAS
311- DESPESAS COM PESSOAL
311-1 Salários
311-2 Comissões
311-3 13º Salário
311-4 F.G.T.S.
311-5 Previdência Social

312- DESPESAS COM DIRETORIA
312-1 Pró-Labore
312-2 Encargos Sociais

313- OUTRAS DESPESAS ADMINISTRATIVAS
313-1 Aluguéis
313-2 I.P.T.U.
313-3 Consumo de Água
313-4 Consumo de Energia Elétrica
313-5 Telefones
313-6 Despesas de Viagens
313-7 I.P.V.A.
313-8 Combustíveis e Lubrificantes
313-9 Materiais de Limpeza
313-10 Materiais de Escritório

4 - RECEITAS

41-RECEITAS OPERACIONAIS
411- Vendas de Mercadorias
412- Vendas de Serviços

1º Passo: Transcrevemos os fatos administrativos para o **Livro Diário**, representado pela planilha seguinte:

Data:	Conta	Valor R$	Histórico
Débito	Caixa		Integralização do capital social em dinheiro
Crédito	Capital	R$ 20.000,00	

Data:	Conta	Valor R$	Histórico
Débito	Bancos		Depósito no Banco Cobrajuros S.A.
Crédito	Caixa	R$ 15.000,00	

Data:	Conta	Valor R$	Histórico
Débito	Equipamentos de Informática		Aquisição de um PC e impressora
Crédito	Bancos	R$ 2.000,00	

Data:	Conta	Valor R$	Histórico
Débito	Mercadorias		Compra de mercadorias de Pelourinho Ltda.
Crédito	Fornecedores	R$ 10.000,00	

Data:	Conta	Valor R$	Histórico
Débito	Mercadorias		Compra de mercadorias de Tenha Dó Ltda.
Crédito	Bancos	R$ 2.000,00	

Data:	Conta	Valor R$	Histórico
Débito	Fornecedores		Pagamento duplicata de Pelourinho Ltda.
Crédito	Bancos	R$ 3.000,00	

Data:	Conta	Valor R$	Histórico
Débito	Clientes		Vendas a prazo a diversos clientes
Crédito	Vendas de Mercadorias	R$ 6.000,00	

Data:	Conta	Valor R$	Histórico
Débito	Instalações		Compra Instalações de Tecnolândia Ltda.
Crédito	Caixa	R$ 3.000,00	

Data:	Conta	Valor R$	Histórico
Débito	Caixa		Recebimentos de diversos clientes
Crédito	Clientes	R$ 4.000,00	

Data:	Conta	Valor R$	Histórico
Débito	Bancos		Depósito no Banco Cobrajuros S.A.
Crédito	Caixa	R$ 4.000,00	

Após esses lançamentos, é preciso verificar a movimentação das contas e para isso utilizamos os *"razonetes"* que são gráficos instantâneos de verificação em forma de "**T**" cujos valores a débito são transcritos do lado esquerdo e os créditos do lado direito, como em seguida:

Caixa	
20.000,00	15.000,00
4.000,00	4.000,00
	3.000,00

Capital	
	20.000,00

Bancos	
15.000,00	2.000,00
4.000,00	2.000,00
	3.000,00

Equip. Informática	
2.000,00	

Mercadorias	
10.000,00	
2.000,00	

Fornecedores	
3.000,00	10.000,00

Vendas Mercadorias	
	6.000,00

Clientes	
6.000,00	4.000,00

Instalações	
3.000,00	

Após esse procedimento, acabamos de verificar o movimento registrado em cada uma das contas contempladas pelos fatos administrativos.

Agora, temos de transportar esse movimento para um **Balancete de Verificação** a fim de que possamos avaliar resumidamente esses movimentos.

Balancete de verificação

Contas	Débito	Crédito	Devedor	Credor
Caixa	24.000,00	22.000,00	2.000,00	
Bancos	19.000,00	7.000,00	12.000,00	
Capital		20.000,00		20.000,00
Equipamentos de Informática	2.000,00		2.000,00	
Mercadorias	12.000,00		12.000,00	
Fornecedores	3.000,00	10.000,00		7.000,00
Vendas de Mercadorias		6.000,00		6.000,00
Clientes	6.000,00	4.000,00	2.000,00	
Instalações	3.000,00		3.000,00	
Totais	69.000,00	69.000,00	33.000,00	33.000,00

Verificamos assim o mais ilustrativo princípio da contabilidade que é "para cada débito corresponde um crédito de mesmo valor" - o método das partidas dobradas.

Demonstrativos contábeis

Vários são os demonstrativos utilizados pela contabilidade para relatar a situação patrimonial da empresa. Esses demonstrativos analisam pormenorizadamente os acontecimentos evidenciados pela empresa em um determinado período.

Demonstrativo do resultado do exercício

Um dos mais importantes demonstrativos, pois indica como se chegou ao resultado final do exercício a fim de que sejam dados os destinos que melhor representem a filosofia da empresa.

Apresentamos a seguir todos os passos para chegar a uma demonstração do Resultado do Exercício.

A Demonstração do Resultado do Exercício (DRE) reflete de modo detalhado se a empresa apresentou lucro ou prejuízo.

A título de ilustração, demonstraremos como é obtido contabilmente o Resultado do Exercício, evidentemente de uma maneira muito simples.

Para obtê-lo deveremos seguir os passos:

1. Levantar o balancete de verificação na data em que se pretende apurar o resultado.
2. Transferir os saldos das contas de despesas para a conta transitória "*Resultado do Exercício*".
3. Transferir os saldos das contas de *Receitas* para a conta transitória "*Resultado do Exercício*".
4. Demonstrar e apurar o saldo da conta "*Resultado do Exercício*".
5. Transferir o saldo da conta "*Resultado do Exercício*" para a conta de "*Lucros e Prejuízos Acumulados*" do grupo Patrimônio Líquido.
6. Levantar o Balanço Patrimonial e a Demonstração de Resultado do Exercício.

Exemplo: Vamos supor que a empresa Andorinha & Pardal Ltda. apresentasse os seguintes saldos no Razão em 31/12/200X:

Balancete de Verificação em 31/12/200X		
Contas	**Saldos**	
	Débito	**Crédito**
Caixa	R$ 2.500,00	
Duplicatas a Receber	R$ 2.000,00	
Estoque de Mercadorias	R$ 1.500,00	
Títulos a Receber(LP)	R$ 3.000,00	
Veículos	R$ 4.000,00	
Móveis e Utensílios	R$ 3.000,00	
Duplicatas a Pagar		R$ 3.000,00
Salários a Pagar		R$ 2.000,00
Capital		R$ 5.000,00
Venda Mercadorias		R$ 10.000,00
Prestação de Serviços		R$ 8.000,00
Compra de Mercadorias	R$ 9.000,00	
Energia Elétrica	R$ 500,00	
Combustíveis	R$ 500,00	
Fretes e Carretos	R$ 200,00	
Copa e Cozinha	R$ 200,00	
Aluguéis	R$ 1.000,00	
Material de Consumo	R$ 600,00	
TOTAL	R$ 28.000,00	R$ 28.000,00

Transferir o saldo das contas de despesas para a conta "Resultado do Exercício".

São Paulo, 31 de dezembro de 200X	
D - Resultado do Exercício	R$ 12.000,00
C - Compra de Mercadorias	R$ 9.000,00
C - Energia Elétrica	R$ 500,00
C - Combustíveis	R$ 500,00
C - Fretes e Carretos	R$ 200,00
C - Copa e Cozinha	R$ 200,00
C - Aluguéis	R$ 1.000,00
C - Material de Consumo	R$ 600,00
Transferência das contas de despesa para apuração do resultado do exercício	

Transferir os saldos das contas de receitas para a conta "Resultado do Exercício".

São Paulo, 31 de dezembro de 200X	
D - Venda de Mercadorias	R$ 10.000,00
D - Prestação de Serviços	R$ 8.000,00
C - Resultado do Exercício	R$ 18.000,00
Transferência das contas de receitas para apuração do resultado do exercício	

Após esses lançamentos, deve ser aberto um razonete para a conta Resultado do Exercício, e os valores das despesas e receitas devem ir para os seus respectivos razonetes para que as contas sejam zeradas.

E finalmente apurar o saldo da conta "Resultado do Exercício"

Resultado do Exercício	
D	C
Despesas	Receitas
R$ 12.000,00	R$ 18.000,00
Saldo R$ 6.000,00	
L U C R O	

Demonstração do resultado do exercício da empresa Andorinha & Pardal Ltda.

	RECEITAS	
RECEITAS OPERACIONAIS		
Vendas de Mercadorias	R$ 10.000,00	
Prestação de Serviços	R$ 8.000,00	R$ 18.000,00
TOTAL RECEITAS		**R$ 18.000,00**
	DESPESAS	
Custo das Mercadorias Vendidas		
Compra de Mercadorias		R$ 9.000,00

DESPESAS OPERACIONAIS		
Energia Elétrica	R$ 500,00	
Combustíveis	R$ 500,00	
Fretes e Carretos	R$ 200,00	
Copa e Cozinha	R$ 200,00	
Aluguéis	R$ 1.000,00	
Material de Consumo	R$ 600,00	R$ 3.000,00
TOTAL DESPESAS		**R$ 12.000,00**
LUCRO APURADO		**R$ 6.000,00**
TOTAL GERAL		**R$ 18.000,00**

Transferir da conta "Resultado do Exercício" para a conta de "Lucros ou Prejuízos Acumulados" o lucro obtido no período.

São Paulo, 31 de dezembro de 200X	
D - Resultado do Exercício	R$ 6.000,00
C - Lucros Acumulados	R$ 6.000,00
Transferência do resultado do período para a conta de Lucros ou Prejuízo Acumulado-Patrimônio Líquido	

Neste momento as contas "Resultado do Exercício" e as de "despesas" e "receitas" estarão zeradas, pois já cumpriram suas funções de transitoriedade.

Deve ser aberto um razonete para a conta "Lucros ou Prejuízos Acumulados", pois ela ainda não existia até esse ponto da escrituração.

Neste ponto, apenas as contas patrimoniais possuem saldo, estando, portanto, prontas para serem demonstradas no balanço patrimonial.

Note que as contas de resultado já cumpriram sua função que é demonstrar o resultado de lucro ou prejuízo. A partir de 1º de janeiro apenas as contas patrimoniais iniciam com saldos, e as contas de resultado iniciam um novo ciclo de apuração.

Levantar o balanço patrimonial

O balanço patrimonial é uma demonstração financeira que apresenta, resumidamente, como ficou a situação patrimonial no encerramento do exercício.

Balanço Patrimonial da Empresa Andorinha & Pardal Ltda.		
ATIVO		
ATIVO CIRCULANTE		
Disponível		
Caixa	R$ 2.500,00	
Créditos		
Dupl. a Receber	R$ 2.000,00	
Estoques		
Estoques de Mercadorias	R$ 1.500,00	R$ 6.000,00
REALIZÁVEL A LONGO PRAZO		
Títulos a Receber		R$ 3.000,00
PERMANENTE		
Veículos	R$ 4.000,00	
Móveis e Utensílios	R$ 3.000,00	R$ 7.000,00
TOTAL DO ATIVO		R$ 16.000,00
PASSIVO		
PASSIVO CIRCULANTE		
Duplicatas a Pagar	R$ 3.000,00	
Salários a Pagar	R$ 2.000,00	R$ 5.000,00
PATRIMÔNIO LÍQUIDO		
Capital	R$ 5.000,00	
Lucros ou Prejuízos acumulados	R$ 6.000,00	R$ 11.000,00
TOTAL DO PASSIVO		R$ 16.000,00

Avaliação de estoques

Toda empresa possui mercadorias em estoque, em todos os ramos de atividade, seja estoque de materiais ou produtos destinados ao uso em serviços, como, por exemplo, uma dedetizadora, ou mesmo uma empresa de serviços em eletricidade, ou então as empresas comerciais e industriais.

Todo estoque precisa ser avaliado para efeito de apuração de custo tanto em serviços quanto de produção ou comercialização de seus produtos e isso demanda critérios.

Para as empresas de produção (indústrias) ou comercialização (comércio) a avaliação do estoque se torna imprescindível tanto para efeito de levantamento de resultados no encerramento do exercício quanto para a verificação de custo de produção.

As formas mais comuns de avaliação de estoque são: UEPS, PEPS e custo médio.

UEPS significa **Ú**ltimo que **E**ntra e **P**rimeiro que **S**ai, também conhecida como LIFO, iniciais da frase inglesa **L**ast **I**n **F**irst **O**ut.

Com base nesse critério para valoração dos estoques a empresa vai dando baixa a partir das últimas compras, o que equivale ao seguinte raciocínio: "vendem-se ou consomem-se antes as últimas mercadorias compradas".

Exemplo: imaginemos uma empresa cujo estoque inicial de um determinado material ou produto é de 80 unidades, a R$ 40,00 de custo, totalizando o estoque inicial em R$ 3.200,00 e num determinado período apresente a seguinte movimentação:

Compra de	50 unidades por um custo de R$ 45,00 cada
Venda ou requisição de	40 unidades
Venda ou requisição de	50 unidades
Compra de	40 unidades por um custo de R$ 50,00 cada
Venda ou requisição de	50 unidades

Essa movimentação transportada para o gráfico ficaria assim:

DATA	ENTRADA			SAÍDAS			SALDO			Lote
	VALOR			VALOR			VALOR			
	Quant.	Unit. $	Total $	Quant.	Unit. $	Total $	Quant.	Unit. $	Total $	
XX/XX	Estoque Inicial						80	40	3.200	1
							80	40	3.200	1
XX/XX	50	45	2.250				50	45	2.250	2
XX/XX				40	40	1.600	40	40	1.600	1
							50	45	2.250	2
XX/XX				40	40	1.600	-	-	-	1
				10	45	450	40	45	1.800	2
							40	45	1.800	2

XX/XX	40	50	2.000				40	50	2.000	3
XX/XX				40	45	1.800	-	-	-	2
				10	50	500	30	50	1500	3

Observações importantes com relação a devoluções que ocasionalmente podem acontecer:

1. As devoluções de compras efetuadas aos fornecedores serão escrituradas negativamente entre parênteses na coluna das entradas, cujo valor será o de custo da respectiva entrada no estoque.
2. As devoluções de vendas recebidas dos clientes serão escrituradas negativamente entre parênteses na coluna de saídas cujo valor deve ser o de custo da respectiva saída do estoque.
3. Desta forma, a soma das colunas de entradas e saídas do estoque representa o valor das compras e vendas.

PEPS significa **P**rimeiro que **E**ntra, **P**rimeiro que **S**ai, e é também conhecida por FIFO, iniciais da frase inglesa **F**irst **I**n, **F**irst **O**ut.

Com base nesse critério para valoração dos estoques a empresa vai dando baixa a partir das primeiras compras, o que equivale ao seguinte raciocínio: "vendem-se ou consomem-se antes as primeiras mercadorias compradas".

Exemplo: utilizando o exemplo anterior com a mesma movimentação, transportada para o gráfico, teremos o seguinte:

DATA	ENTRADA			SAÍDAS			SALDO			Lote
	VALOR			VALOR			VALOR			
	Quant.	Unit. $	Total $	Quant.	Unit. $	Total $	Quant.	Unit. $	Total $	
XX/XX	Estoque Inicial						80	40	3.200	1
							80	40	3.200	1
XX/XX	50	45	2.250				50	45	2.250	2
XX/XX							80	40	3.200	1
				40	45	1.800	10	45	450	2
XX/XX				40	40	1.600	40	40	1.600	1
				10	45	450				2
							40	40	1.600	1
XX/XX	40	50	2.000				40	50	2.000	3
XX/XX				10	40	400	30	40	1.200	1
				40	50	2.000				3

CUSTO MÉDIO, por este critério, o valor médio de cada unidade em estoque altera-se pelas compras de outras mercadorias do mesmo teor, por um preço diferente.

Exemplo: utilizando o exemplo anterior com a mesma movimentação, transportada para o gráfico, teremos o seguinte:

DATA	ENTRADA VALOR			SAÍDAS VALOR			SALDO VALOR		
	Quant	Unit. $	Total $	Quant.	C. Médio $	Total $	Quant.	C. Médio $	Total $
XX/XX	Estoque Inicial						80	40,0000	3.200,00
XX/XX	50	45,0000	2.250,00				130	41,9230	5.450,00
XX/XX				40	41,9230	1.676,92	90	41,9231	3.773,08
XX/XX				50	41,9231	2.096,15	40	41,9232	1.676,93
XX/XX	40	50,0000	2.000,00				80	45,9616	3.676,93
XX/XX				50	45,9616	2.298,08	30	36,0710	1.378,85

Observações importantes com relação ao controle do estoque pelo sistema de custo médio:

1. A coluna destinada ao saldo indicará sempre as quantidades em estoque com seus respectivos valores médios, atualizados sempre em função das últimas compras;

2. Somam-se os custos anteriores com os da aquisição atual e divide-se o total pela quantidade de unidades, obtendo-se dessa forma, o custo médio;

3. Na coluna saldo é aconselhável sempre manter o custo médio com quatro dígitos após a vírgula, a fim de que fique o mais próximo possível do real, ajustando-se as diferenças de centavos na saída seguinte.

Esse método, mais comumente utilizado no Brasil, evita o controle de custos por lotes de compras, como nos métodos anteriores, mas obriga a maior número de cálculos ao mesmo tempo em que foge dos extremos, dando como custo de aquisição um valor médio das compras.

Após a explanação os três métodos vêm-nos a pergunta - **"Qual dos critérios devemos utilizar?".**

Para essa resposta, vamos que considerar que todas as saídas foram de vendas e não de requisição para consumo na produção ou uso e que essas vendas ocorreram a um preço de R$ 90,00 a unidade, totalizando R$ 12.600,00.

Critério	Venda	Custo	Lucro	Estoque Final
PEPS	12.600,00	5.950,00	6.650,00	1.500,00
UEPS	12.600,00	6.250,00	6.350,00	1.200,00
Custo Médio	12.600,00	6.071,15	6.528,85	1.378,85

Percebe-se claramente que, na hipótese de serem três empresas diferentes que se tivessem adquirido e vendido as mercadorias nas mesmas condições (quantidade e preços), suas situações reais seriam praticamente as mesmas, com a mesma quantidade de estoque, porem, os resultados obtidos seriam diferentes pelos critérios de atribuição de custos utilizados, muito embora todos se baseassem no mesmo custo de aquisição.

Dos três critérios apresentados, o mais aconselhável é o **custo médio**, pois é o que traduz maior realidade nos custos, no lucro e no estoque final.

A Legislação do Imposto de Renda não aceita o sistema **UEPS** como sistema de apuração e valoração de estoques por distorcer completamente os resultados, apresentando custo maior, lucro menor e estoque final diverso da realidade.

Noções de custos

Toda empresa se estabelece com o objetivo de LUCRO. Em nenhum lugar do mundo uma empresa objetiva outro resultado para seus negócios ou atividades que não seja o LUCRO, exceção feita ao caso de entidades sem fins lucrativos.

E por LUCRO entendemos a diferença positiva entre o preço de comercialização e os custos.

Portanto, vemos aí a importância na apuração exata dos custos que são a base para o estabelecimento do preço de venda de determinado produto ou serviço.

Para apuração dos custos industriais temos um controle extremamente minucioso dos valores envolvidos e a sua distribuição correta nas atividades de produção.

Isso se dá por meio de um sistema de contabilidade específico chamado Contabilidade de Custos ou Contabilidade Industrial.

O que torna a contabilidade de custos diferente dos demais ramos da contabilidade são os procedimentos utilizados na área de produção das empresas industriais, os quais exigem aplicação de critérios específicos para apurar o custo de fabricação.

Custo industrial compreende a soma dos gastos com bens e serviços aplicados ou consumidos na produção de outros bens.

Para melhor entendimento desse conceito precisamos conhecer o significado de alguns termos como: gastos, custos e despesas.

Gasto: significa aquisição em valores de bens, quer para uso, troca, transformação ou consumo, ou ainda algum tipo de serviço.

Custo: é todo gasto efetuado para obtenção de bens e serviços que serão utilizados na área produtiva da empresa.

Despesa: corresponde aos gastos na obtenção de bens ou serviços aplicados na área administrativa, comercial ou financeira, visando à obtenção de receitas.

Para entender melhor a diferença entre custos e despesas, devemos raciocinar resumidamente da seguinte forma:

- *Gastos* na fábrica significam *custos.*
- *Gastos* com Administração e Vendas significam *despesas.*

Classificação dos custos

Várias são as formas de classificar os custos, sendo duas as básicas:

1. Quanto aos produtos podem ser diretos e indiretos.

2. Quanto à produção podem ser fixos e variáveis.

Diretos são aqueles apropriados diretamente aos produtos, pois quantificam seu consumo, como, por exemplo: matéria-prima, mão-de-obra direta, etc.

Indiretos são aqueles que debitamos aos produtos, tomando por base o que defina uma relação próxima entre o custo e os produtos, o que permite o rateio com maior margem de acerto possível. O exemplo clássico dessa aplicação seria o custo de energia elétrica aplicado à mão-de-obra.

Fixos são os que não dependem da quantidade produzida, permanecendo constantes em determinada escala de produção, como, por exemplo, o aluguel.

Variáveis são os que aumentam ou diminuem, dependendo da produção, como, por exemplo, a matéria-prima e a energia elétrica.

Formação do custo

A empresa, para satisfazer as exigências legais quanto à apuração de resultados de suas atividades e avaliação de estoques, utiliza-se do método de custeio por absorção, que adequa seus sistemas de apuração aos princípios contábeis de acordo com as normas e a legislação vigentes.

Custo da matéria-prima: primeiramente é preciso conceituar matéria-prima que é todo o material que compõe o produto a ser fabricado pela indústria. Um determinado produto já fabricado por uma indústria pode integrar outro produto em outra empresa, para o qual deve ser considerado matéria-prima.

Minério de ferro → Ferro

Ferro → Autopeças

Autopeças → Máquinas

Como já dissemos, a matéria-prima incorpora o produto e assim sendo, é considerada custo direto, necessitando ser medida a quantidade consumida na sua fabricação. Dessa quantidade consumida no produto podem ocorrer sobras, as quais podem integrá-lo se forem reaproveitáveis; caso contrário, serão desprezadas.

Temos como exemplo uma partida de algodão de 100 quilos destinados à fabricação de fios, dos quais cinco quilos são sobras que resultam do processo produtivo. Caso essas sobras não sejam reaproveitadas, o custo correspondente à matéria-prima será o de 100 quilos, mas se elas forem reaproveitadas em outro processo, o custo desse lote fabricado será de 95 quilos.

Devemos observar ainda que o custo da matéria-prima deve ser levantado a partir da nota fiscal de compra, ou outro documento que a substitua, da seguinte forma:

CMP = preço da nota fiscal + frete + ICMS + despesas extras

Outro fator de suma importância é com relação aos impostos que são compensatórios na cadeia produtiva. Em hipótese alguma podem ser relacionados com bitributação, ou seja, sofrer duas vezes uma determinada incidência de impostos.

Custo da mão-de-obra direta: entendemos por mão-de-obra direta (MOD) aquela que atua diretamente no processo produtivo, e devemos considerar somente a parcela do tempo empregado na fabricação do produto como custo direto de mão-de-obra, reservando o tempo não empregado na fabricação do produto para ser integrado a um grupo de custos indiretos de fabricação.

Os encargos trabalhistas e o tempo apontado do trabalhador ou grupo de trabalhadores efetivamente devem integrar o custo de cada produto.

Apontamentos de horas produtivas

Todos os empregados integrantes do grupo de mão-de-obra direta fazem normalmente apontamentos ou anotações das atividades diárias, utilizando-se de um cartão que apontará as horas produtivas e não produtivas trabalhadas diariamente.

Após o processamento desses cartões, o total dessas horas deve ser apropriado por cada centro de custo que procederá à contabilização em cada produto.

Para essa apuração devem ser considerados os dias efetivamente trabalhados, os descansos semanais remunerados, os feriados, as faltas justificadas, os encargos trabalhistas que somam significativo percentual.

Resolução CFC Nº 750/93 - Princípios fundamentais de contabilidade

Dispõe sobre os Princípios Fundamentais de Contabilidade.

O CONSELHO FEDERAL DE CONTABILIDADE, no exercício de suas atribuições legais e regimentais,'CONSIDERANDO que a evolução da última década na área da Ciência Contábil reclama a atualização substantiva e adjetiva dos Princípios Fundamentais de Contabilidade a que se refere a Resolução CFC 530/81.

RESOLVE:

CAPÍTULO I

DOS PRINCÍPIOS E DE SUA OBSERVÂNCIA

Art. 1º - Constituem PRINCÍPIOS FUNDAMENTAIS DE CONTABILIDADE (P.F.C.) os enunciados por esta Resolução.

§ 1º - A observância dos Princípios Fundamentais de Contabilidade é obrigatória no exercício da profissão e constitui condição de legitimidade das Normas Brasileiras de Contabilidade (NBC).

§ 2º - Na aplicação dos Princípios Fundamentais de Contabilidade há situações concretas, a essência das transações deve prevalecer sobre seus aspectos formais.

CAPÍTULO II

DA CONCEITUAÇÃO, DA AMPLITUDE E DA ENUMERAÇÃO

Art. 2º - Os Princípios Fundamentais de Contabilidade representam a essência das doutrinas e teorias relativas à Ciência da Contabilidade, consoante o entendimento predominante nos universos científico e profissional de nosso País.

Concernem, pois, à Contabilidade no seu sentido mais amplo de ciência social, cujo objeto é o Patrimônio das Entidades.

Art. 3º - São Princípios Fundamentais de Contabilidade:

I) o da ENTIDADE;

II) o da CONTINUIDADE;

III) o da OPORTUNIDADE;

IV) o do REGISTRO PELO VALOR ORIGINAL;

V) o da ATUALIZAÇÃO MONETÁRIA;

VI) o da COMPETÊNCIA e

VII) o da PRUDÊNCIA.

SEÇÃO I

O PRINCÍPIO DA ENTIDADE

Art. 4º - O Princípio da ENTIDADE reconhece o Patrimônio como objeto da Contabilidade e afirma a autonomia patrimonial, a necessidade da diferenciação de um Patrimônio particular no universo dos patrimônios existentes, independentemente de pertencer a uma pessoa, um conjunto de pessoas, uma sociedade ou instituição de qualquer natureza ou finalidade, com ou sem fins lucrativos. Por conseqüência, nesta acepção, o Patrimônio não se confunde com aqueles dos seus sócios ou proprietários, no caso de sociedade ou instituição.

§ único - O PATRIMÔNIO pertence à ENTIDADE, mas a recíproca não é verdadeira. A soma ou agregação contábil de patrimônios autônomos não resulta em nova ENTIDADE, mas numa unidade de natureza econômico-contábil.

SEÇÃO II

O PRINCÍPIO DA CONTINUIDADE

Art. 5º - A CONTINUIDADE ou não da ENTIDADE, bem como sua vida definida ou provável, devem ser consideradas quando da classificação e avaliação das mutações patrimoniais, quantitativas e qualitativas.

§ 1º - A CONTINUIDADE influencia o valor econômico dos ativos e, em muitos casos, o valor ou o vencimento dos passivos, especialmente quando a extinção da ENTIDADE tem prazo determinado, previsto ou previsível.

§ 2º - A observância do Princípio da CONTINUIDADE é indispensável à correta aplicação do Princípio da COMPETÊNCIA, por efeito de se relacionar diretamente à quantificação dos componentes patrimoniais e à formação do resultado, e de constituir dado importante para aferir a capacidade futura de geração de resultado.

SEÇÃO III

O PRINCÍPIO DA OPORTUNIDADE

Art. 6º - O Princípio da OPORTUNIDADE refere-se, simultaneamente, à tempestividade e à integridade do registro do patrimônio e das suas mutações, determinando que este seja feito de imediato e com a extensão correta, independentemente das causas que as originaram.

§ único - Como resultado da observância do Princípio da Oportunidade:

I - desde que tecnicamente estimável, o registro das variações patrimoniais deve ser feito mesmo na hipótese de somente existir razoável certeza de sua ocorrência;

II - o registro compreende os elementos quantitativos e qualitativos, contemplando os aspectos físicos e monetários;

III - o registro deve ensejar o reconhecimento universal das variações ocorridas no patrimônio da ENTIDADE, em um período de tempo determinado, base necessária para gerar informações úteis ao processo decisório da gestão.

SEÇÃO IV

O PRINCÍPIO DO REGISTRO PELO VALOR ORIGINAL

Art. 7º - Os componentes do patrimônio devem ser registrados pelos valores originais das transações com o mundo exterior, expressos a valor presente na moeda do País, que serão mantidos na avaliação das variações patrimoniais posteriores, inclusive quando configurarem agregações ou decomposições no interior da ENTIDADE.

§ único - Do Princípio do REGISTRO PELO VALOR ORIGINAL resulta:

I - a avaliação dos componentes patrimoniais deve ser feita com base nos valores de entrada, considerando-se como tais os resultantes do consenso com os agentes externos ou da imposição destes;

II - uma vez integrado no patrimônio, o bem, direito ou obrigação não poderão ter alterados seus valores intrínsecos, admitindo-se, tão-somente, sua decomposição em elementos e/ou sua agregação, parcial ou integral, a outros elementos patrimoniais;

III - o valor original será mantido enquanto o componente permanecer como parte do patrimônio, inclusive quando da saída deste;

IV - Os Princípios da ATUALIZAÇÃO MONETÁRIA e do REGISTRO PELO VALOR ORIGINAL são compatíveis entre si e complementares, dado que o primeiro apenas atualiza e mantém atualizado o valor de entrada;

V - o uso da moeda do País na tradução do valor dos componentes patrimoniais constitui imperativo de homogeneização quantitativa dos mesmos.

O PRINCÍPIO DA ATUALIZAÇÃO MONETÁRIA

Art. 8º - Os efeitos da alteração do poder aquisitivo da moeda nacional devem ser reconhecidos nos registros contábeis através do ajustamento da expressão formal dos valores dos componentes patrimoniais.

§ único - São resultantes da adoção do Princípio da ATUALIZAÇÃO MONETÁRIA:

I - a moeda, embora aceita universalmente como medida de valor, não representa unidade constante em termos do poder aquisitivo;

II - para que a avaliação do patrimônio possa manter os valores das transações originais (Art. 7º), é necessário atualizar sua expressão formal em moeda nacional, a fim de que permaneçam substantivamente corretos os valores dos componentes patrimoniais e, por conseqüência, o do patrimônio líquido;

III - a atualização monetária não representa nova avaliação, mas, tão-somente, o ajustamento dos valores originais para determinada data, mediante a aplicação de indexadores, ou outros elementos aptos a traduzir a variação do poder aquisitivo da moeda nacional em um dado período.

SEÇÃO VI

O PRINCÍPIO DA COMPETÊNCIA

Art. 9º - As receitas e as despesas devem ser incluídas na apuração do resultado do período em que ocorrerem, sempre simultaneamente quando se correlacionarem, independentemente de recebimento ou pagamento.

§ 1º - O Princípio da COMPETÊNCIA determina quando as alterações no ativo ou no passivo resultam em aumento ou diminuição no patrimônio líquido, estabelecendo diretrizes para classificação das mutações patrimoniais, resultantes da observância do Princípio da OPORTUNIDADE.

§ 2º - O reconhecimento simultâneo das receitas e despesas, quando correlatas, é conseqüência natural do respeito ao período em que ocorrer sua geração.

§ 3º - As receitas consideram-se realizadas:

I - nas transações com terceiros, quando estes efetuarem o pagamento ou assumirem compromisso firme de efetivá-lo, quer pela investidura na propriedade de bens anteriormente pertencentes à ENTIDADE, quer pela fruição de serviços por esta prestados;

II - quando da extinção, parcial ou total, de um passivo, qualquer que seja o motivo, sem o desaparecimento concomitante de um ativo de valor igual ou maior;

III - pela geração natural de novos ativos independentemente da intervenção de terceiros;

IV - no recebimento efetivo de doações e subvenções.

§ 4º - Consideram-se incorridas as despesas:

I - quando deixar de existir o correspondente valor ativo, por transferência de sua propriedade para

II - pela diminuição ou extinção do valor econômico de um ativo;

III - pelo surgimento de um passivo, sem o correspondente ativo.

SEÇÃO VII

O PRINCÍPIO DA PRUDÊNCIA

Art. 10 - O Princípio da PRUDÊNCIA determina a adoção do menor valor para os componentes do ATIVO e do maior para os do PASSIVO, sempre que se apresentem alternativas igualmente válidas para a quantificação das mutações patrimoniais que alterem o patrimônio líquido.

§ 1º - O Princípio da PRUDÊNCIA impõe a escolha da hipótese de que resulte menor patrimônio líquido, quando se apresentarem opções igualmente aceitáveis diante dos demais Princípios Fundamentais de Contabilidade.

§ 2º - Observado o disposto no Art. 7º, o Princípio da PRUDÊNCIA somente se aplica às mutações posteriores, constituindo-se ordenamento indispensável à correta aplicação do Princípio da COMPETÊNCIA.

§ 3º - A aplicação do Princípio da PRUDÊNCIA ganha ênfase quando, para definição dos valores relativos às variações patrimoniais, devem ser feitas estimativas que envolvem incertezas de grau variável.

Art. 11 - A inobservância dos Princípios Fundamentais de Contabilidade constitui infração nas alíneas "c", "d" e "e" do Art. 27 do Decreto-Lei nº 9.295, de 27 de maio de 1946 e, quando aplicável, ao Código de Ética Profissional do Contabilista.

Art. 12 - Revogada a Resolução CFC nº 530/81, esta Resolução entra em vigor a partir de 1º de janeiro de 1994.

Brasília, 29 de dezembro de 1993.

Contador IVAN CARLOS GATTI
Presidente

Exercícios para verificação de aprendizagem

Responda, complete, escolha uma das alternativas ou desenvolva.

1. Quais os usuários da contabilidade?
2. Quais são os elementos do patrimônio estudado pela contabilidade?
3. Os __________ e os ____________ formam a parte __________ e as ____________ formam a parte negativa do patrimônio.
4. Defina bens, direitos e obrigações.
5. O Patrimônio Líquido é resultante da aplicação de que "equação patrimonial"?
6. Quantas e quais são as situações patrimoniais conhecidas?

7. Quais os grupos que compõem as contas do ativo?

8. Quais são os grupos que compõem as contas do passivo?

9. Quais são os grupos de contas que apuram o resultado obtido pela empresa?

10. Cite os livros que você conhece que são utilizados para escrituração da contabilidade.

11. Todo lançamento tem seus elementos essenciais. Quais são?

12. Quais os três métodos conhecidos para avaliação do estoque de uma empresa?

13. A apuração dos Custos Industriais se dá por meio da Contabilidade de ______________________ também chamada de Contabilidade ______________________.

14. Gastos: na fábrica significam ____________ e na Administração e vendas significam ______________ .

15. Dê a definição de custos diretos, indiretos, fixos e variáveis.

    Defina como entendeu, evitando "copiar" do livro a resposta.

16. Para levantarmos o custo da matéria-prima, devemos tomar por base a ______________ .

17. Baseado no caso prático de contabilidade, resolva o exercício seguinte:

    Fatos Administrativos:

    - Integralização do capital social no valor de R$ 60.000,00 pelos sócios em dinheiro.
    - Depósito no Banco Orion S.A. em dinheiro R$ 45.000,00.
    - Aquisição de instalações para a empresa da Empresa Labortécnica Equipamentos e soluções Ltda. no valor de R$ 12.000,00 à vista em cheque do Banco Orion S.A.
    - Aquisição de um microcomputador da empresa Fox Informática Ltda. no valor de R$ 1.800,00 à vista em cheque do Banco Orion S.A.
    - Compra de mercadorias a prazo no valor de R$ 22.000,00 da empresa Atacadista São Paulo Ltda.
    - Compra de mercadorias à vista da Distribuidora Amadine Ltda. no valor de R$ 4.500,00 em dinheiro.

- Venda de mercadorias a prazo a diversos clientes no valor de R$ 4.000,00.
- Venda de mercadorias à vista em dinheiro a diversos clientes R$ 1.500,00.
- Pagamento de duplicata do Fornecedor Atacadista São Paulo Ltda. no valor de R$ 7.800,00 em cheque sacado contra o Banco Orion S.A.
- Recebimento de diversos clientes referente a vendas a prazo no valor de R$ 1.500,00 em dinheiro.
- Depósito no Banco Orion S.A. de R$ 2.000,00.

Efetuar os lançamentos no Livro Diário, lançar nos razonetes e levantar o balancete de verificação, tendo como base o plano de contas constante do livro.

Balancete encerrado em ____/_____/ 200X				
Contas	Movimentos		Saldos	
	Débito	Crédito	Devedor	Credor
Total	=		=	
	A soma dos débitos é igual aos Créditos		A soma dos débitos é igual aos Créditos	

Capítulo 3

Recursos Humanos e Departamento de Pessoal

Breve histórico

Recrutamento e seleção

Capacitação e desenvolvimento

Planos de cargos e salários

Benefícios

Relação de emprego

Tipos de contrato de trabalho

Formas de contratação

Processo de admissão

Legislação trabalhista e previdenciária

PIS/PASEP

Folha de pagamento

Rescisão contratual

Higiene e segurança no trabalho

Relações humanas no trabalho

Breve histórico

As relações de trabalho são as que geram maiores conflitos sociais, e devido a esse fato, as leis trabalhistas são as que mais proliferam.

As relações de trabalho na atualidade, devido à globalização, vêm passando por significativas transformações tanto no Brasil quanto no mundo.

Desde a Revolução Industrial, e como decorrência dos abusos então cometidos, a intervenção do estado nas relações de trabalho veio se acentuando até chegar a uma proteção excessiva.

A crise econômica, a globalização, a tecnologia e, como conseqüência, o aumento da competitividade e do desemprego têm forçado os países a repensar as formas de organizar o trabalho.

A sociedade moderna não admite mais sistemas muito rígidos de proteção ao trabalho.

Duas são as formas de adaptar a legislação trabalhista às necessidades atuais de mercado. A primeira delas é a ***desregulamentação***, expressão que significa eliminar a maior parte das leis regulamentadoras do trabalho, que passariam a conter apenas princípios fundamentais a nortear essas relações. A outra é a ***flexibilização***, que significa a adaptação das normas trabalhistas às realidades sociais.

Recrutamento e seleção

Recrutamento

Após ser detectada a necessidade de pessoal, o(s) departamento(s) interessado(s) envia(m) ao Departamento de Pessoal "Solicitação de aumento de funcionários", documento que especifica o perfil do cargo a ser recrutado.

Podemos definir essa fase como sendo a de atração de pessoas, visando as necessidades presentes e futuras da empresa.

Poderemos realizar o recrutamento das seguintes formas:

- ***Interno:*** aproveitamento dos recursos humanos existente na própria empresa. Esse procedimento é realizado pelo exame de: currículos, entrevistas, testes, avaliação de mérito ou qualquer outro meio disponível.

O recrutamento interno oferece algumas vantagens, tais como: confiabilidade na pessoa que vai ser aproveitada, sua personalidade, facilidade de moldagem aos objetivos da empresa.

- *Externo*: realizado fora do âmbito da empresa, e pode ser feito por intermédio de agências de emprego, anúncios, cartazes, associações, faculdades, Internet.

Assim como o recrutamento interno, o externo traz algumas vantagens para o empregador, ou seja: "sangue" novo para a empresa, novas idéias, etc.

Seleção

Nessa fase vamos verificar a adaptação do candidato ao cargo. A verificação é realizada tomando por base dois parâmetros: o que o cargo requer x o que o candidato oferece.

Após a precisa determinação do exposto, o candidato será entrevistado, procurando verificar aspectos profissionais, sua personalidade, etc. Nessa fase costuma-se aplicar testes de conhecimentos específicos, de conhecimentos gerais (Português, Matemática e Realidade Atual) e dinâmicas de grupo.

Após ser sabatinado obtém o veredicto: APROVADO!

São solicitados vários documentos para a formalização de sua admissão: Carteira de Trabalho e Previdência Social (CTPS), CPF (Cadastro de Pessoa Física), Cédula de Identidade, Certificado de Reservista, Exame Médico Admissional, Certidão de Casamento, Certidão de Nascimento dos Filhos, Comprovante de Residência. Excluindo-se a CTPS, aceitam-se cópias

Capacitação e desenvolvimento

Toda a empresa que se apresenta no mercado, sabendo da sua responsabilidade com relação à qualidade de seus produtos e/ou serviços, para atingir seu grande foco que é o cliente, precisa de uma equipe capacitada.

Essa equipe deve estar capacitada para todas as áreas da empresa, quer na administrativa, comercial, industrial, dentre outras, a fim de reforçar os conhecimentos e/ou adquirir novas técnicas, aperfeiçoando um dos recursos mais importantes na formação da empresa que são os recursos humanos.

Devemos ter em mente que os funcionários devem ser orientados com o objetivo de adquirir habilidades, mudar comportamentos e atitudes, e isso somente se consegue por meio de um eficiente programa de treinamento e capacitação.

Processos, necessidades e técnicas de capacitação

O treinamento envolve desde a transmissão de conhecimentos específicos relativos ao trabalho e suas tarefas específicas até a mudança de atitudes diante de aspectos da organização e do ambiente, gerando o desenvolvimento de habilidades e comportamentos desejados.

Os treinamentos visando a capacitação do colaborador, na maioria das vezes, são aplicados em dois momentos distintos: antes e depois do ingresso no trabalho.

Antes do ingresso efetivo no trabalho são aplicados treinamentos de integração e conhecimento, e depois do ingresso os treinamentos envolvem desenvolvimento e aperfeiçoamento e, em alguns casos, diante do desenvolvimento da empresa, é aplicada a reintegração do colaborador para conhecimento das inovações conquistadas.

Os treinamentos de integração e conhecimento devem ter, dentre outros objetivos, a ambientação inicial do novo colaborador, cujo programa deve conter informações sobre a empresa, política de benefícios, histórico completo sobre a empresa.

Já nos treinamentos de desenvolvimento e aperfeiçoamento devemos considerar que podem ser realizados dentro ou fora do local de trabalho.

Algumas técnicas devem ser observadas para que seja realizado um bom treinamento com retorno satisfatório do aprendizado, como, por exemplo, a mescla de teoria e prática, respeito às diferenças individuais dos participantes, acompanhamento contínuo, dentre outras.

Avaliação de programas de capacitação

Todo treinamento tem uma etapa final que é a avaliação dos resultados obtidos, proporcionando um *feedback* de sua eficiência.

Como sabemos, o treinamento tem como meta produzir modificações no comportamento dos funcionários para alcançar as metas da empresa e é isso justamente o que queremos considerar na avaliação.

Quando avaliamos o colaborador, indiretamente avaliamos o programa de capacitação da empresa quando vemos se ele assimilou o nível de conhecimento desejado. Esse aspecto é de muita importância, visto que cada colaborador tem um nível de conhecimento e de intelecção, de entendimento e quando esse colaborador não entende a mensagem passada no treinamento, fatalmente procura nivelar por baixo a capacidade do instrutor.

Plano de cargos e salários

Dentro de uma organização comprometida com o bem-estar de seus colaboradores, é preciso haver um programa especialmente preparado e desenvolvido para a adequação dos cargos constantes de seu organograma funcional com os salários de seus colaboradores. Isso vai proporcionar inclusive e principalmente um dos fatores mais importantes de política motivacional que é a possibilidade de carreira, de ascensão dentro da empresa.

A área de salários é a que cuida diretamente das recompensas que o colaborador recebe, como retorno pelo desempenho de suas funções dentro da empresa.

Uma eficiente administração de salários dentro de uma organização comprometida visa atingir, dentre outros, os seguintes objetivos: remunerar cada colaborador de acordo com o valor do cargo que ocupa, recompensando-o pelo seu desempenho e dedicação, obter desses colaboradores a aceitação dos sistemas de remuneração adotados pela empresa que na verdade visa reter os melhores.

Devemos entender que o cargo é composto de todas as atividades desempenhadas por um colaborador que ocupa uma posição formal dentro da empresa.

Para que o ocupante do cargo possa ter satisfação no trabalho, desempenhando suas funções, devemos considerar alguns fatores de ordem psicológica, visando obter elevada motivação e satisfação com o trabalho.

A descrição do cargo é de fundamental importância para a empresa, pois irá nortear todas as ações do departamento de recursos humanos durante todo o processo de estada do colaborador em seus quadros funcionais.

Benefícios

É uma forma de remuneração indireta que a empresa oferece aos seus empregados, objetivando a satisfação de suas necessidades pessoais, constituindo-se uma política de fundamental importância que conduz fatalmente à produtividade.

Os benefícios são oferecidos por planos coletivos especiais, estendidos inclusive aos familiares e dependentes dos empregados.

Para a empresa, os benefícios são considerados custos da remuneração total, porém como um fator motivacional de grande significado por parte do empregado.

Os benefícios devem ser encarados pela empresa como responsabilidade social e oferecidos gradativamente aos empregados. Eles abrangem três formas de remuneração:

1. *Oferecidos no exercício do cargo*: como, por exemplo: gratificações, prêmios de produtividade, seguros de vida, veículo, transporte, dentre outros.
2. *Oferecidos dentro da empresa*: porém fora do cargo, como refeitório, instrução, lazer e outros.
3. *Oferecidos fora da empresa*: incluindo familiares e dependentes, como assistência médica e odontológica extensiva, clube e outros.

Os benefícios se classificam em formas distintas, ou seja, legais e espontâneos.

- *Benefícios legais*: são os obrigatórios e exigidos por Lei, pela Previdência ou pela Convenção Coletiva de Trabalho da categoria sindical à qual o empregado pertence, como 13º salário, férias, seguro de acidente do trabalho, horas extras, adicionais, dentre outros.
- *Benefícios espontâneos*: concedidos por mera liberalidade da empresa, como convênio médico e odontológico, refeição, transporte, viagens, seguro de vida em grupo, etc.

Relação de emprego

Por relação de emprego entende-se aquela em que estão envolvidas as figuras do empregado e do empregador, mediante direitos e obrigações recíprocos.

Empregador, segundo a CLT, é aquele que assume riscos da atividade econômica, admite, assalaria e dirige a prestação de serviços.

Na CLT, empregado é definido como a pessoa física que presta serviços ao empregador de maneira não eventual, sob dependência e mediante salário.

Para que ocorra a relação de emprego, isto é, aquela protegida pela legislação trabalhista brasileira, é necessária a ocorrência simultânea de circunstâncias básicas, ou seja: pessoalidade, habitualidade, subordinação, trabalho e salário.

Tipos de contrato de trabalho

Prazo indeterminado: é aquele que tem prazo certo para início, sem previsão de término.

Prazo determinado: é aquele que tem data certa para início e término, dependendo do termo prefixado, da execução de serviços especificados ou ainda da realização de acontecimento suscetível de previsão aproximada (Art. 443 da CLT).

O contrato por prazo determinado só pode ser prorrogado uma única vez e não pode ultrapassar 2 (dois) anos no total de seu tempo de duração.

O contrato por prazo determinado só é válido em três situações, a saber: serviço cuja natureza ou transitoriedade justifique a predeterminação do prazo; atividades empresariais de caráter transitório; contrato de experiência, como por exemplo, a substituição de empregado afastado por férias, doença, etc.; execução de um trabalho eventual.

Prazo determinado - Lei nº 9601/98: Criado pela Lei nº 9601/98 com o objetivo de combater o desemprego reinante no País esse tipo de contratação pode acontecer com as seguintes características:

- Convenção ou acordo coletivo para a contratação;
- A contratação não depende de motivo que justifique a determinação do prazo;
- Há necessidade de acréscimo no número de empregados da empresa, obedecendo a critérios de escalonamento;
- Possibilidade de prorrogar o contrato quantas vezes forem necessárias, circunstância que o contrato por prazo determinado da CLT não admite;
- O tempo total do contrato não pode ultrapassar 2 (dois) anos;
- O instrumento normativo - convenção ou acordo com o sindicato - deve prever o que acontecerá nos casos de rescisão antes do prazo;
- Garantia das estabilidades até o término do prazo.

Experiência: trata-se de um tipo de contrato por prazo determinado, com as mesmas características, mas que não pode ultrapassar 90 (noventa) dias no total de seu tempo de duração, podendo ser firmado por períodos inferiores e ser dividido em dois.

CONTRATO DE TRABALHO A TÍTULO DE EXPERIÊNCIA

Por este instrumento particular, que entre si fazem a firma ____________________
____________, com sede nesta ____________ à Rua ____________________
________ nº ________ neste ato denominada simplesmente "Empregadora", e o Sr. ________________
________________ portador da Carteira de Profissional nº ____________ série ________
inscrito no CPF sob nº ____________ e Cadastrado em ___/___/___ no PIS-PASEP sob nº ____________
no Banco ________________________ Agência ____________
à Rua ________________________ nº ________________ doravante, chamado, simplesmente "Empregado", firmam o presente contato individual de trabalho, em caráter de experiência, conforme a letra "c" § 2º do Artigo 443 da Consolidação das Leis do Trabalho, mediante as seguintes condições:

1 - O empregado trabalhará para a Empregadora, exercendo as funções de ________________
________________________ na seção ________________________
percebendo o salário de R$ ____________ (________________________
________________________) por ________________

2) - O horário a ser obedecido será o seguinte: de ________________________
____

3) - Este contrato tem início a partir de ______ de ____________ de ____________. Vencendo-se em ________ de ____________ de ________, podendo ser prorrogado, obedecido o disposto no parágrafo Único do Artigo 445 da CLT.

4) - O Empregado se compromete a trabalhar em regime de compensação e de prorrogação de horas, inclusive em período noturno, sempre que as necessidades assim o exigirem, observadas as formalidades legais.

5) - Obriga-se o Empregado, além de executar com dedicação e lealdade o seu serviço, a cumprir o Regulamento Interno da Empregadora, as instruções de sua administração e as ordens de seus chefes e superiores hierárquicos, relativas às peculiaridades dos serviços que lhe forem confiados.

6) - Aplicam-se a este contrato todas as normas em vigor, relativas aos contratos a prazo determinado, devendo sua rescisão antecipada, por justa causa, obedecer ao disposto nos artigos 482e 483 da C.L.T., conforme o caso;

7) - Vencido o período experimental e continuando o Empregado a prestar serviços à Empregadora, por tempo indeterminado, ficam prorrogadas todas as cláusulas aqui estabelecidas, enquanto não se rescindir o contrato de trabalho.

CONTRATO

E por estarem de pleno acordo, assinam ambas as partes, em duas vias de igual teor, na presença de duas testemunhas.

____________________	____________________
DATA	ASSINATURA DO RESPONSÁVEL QUANDO MENOR
____________________	____________________
EMPREGADORA	EMPREGADO

TERMO DE PRORROGAÇÃO

Por mútuo acordo entre partes, fica o presente contrato de experiência que deveria vencer nesta data, prorrogado até

___/___/___

____________________	____________________
DATA	ASSINATURA

TESTEMUNHAS

____________________	____________________
NOME	ENDEREÇO
____________________	____________________
NOME	ENDEREÇO

Formas de contratação

Empregado é aquele descrito na CLT que admite a relação de emprego.

- **Autônomo**: é aquele cuja prestação de serviços não é regida pela CLT nem por lei a ela relacionada, e sim pelo Código Civil Brasileiro. A característica principal desse trabalho é a autonomia, isto é, não pode estar subordinado a nenhuma norma do recebedor do serviço, quer de natureza técnica, quer de natureza disciplinar.

- **Estagiário**: é o aluno que, comprovadamente, está freqüentando cursos de ensino superior, de ensino médio, de educação profissional de nível médio ou superior, ou escolas de educação especial. Como parte de seu aprendizado o estagiário atua em determinada empresa desenvolvendo atividades correlatas a sua área de estudo.

  A contratação de estagiário se dá com a participação de três partes: **escola** (denominada instituição de ensino), **estagiário** e **empresa** (denominada unidade cedente).

- **Aprendiz:** regulamentado pelo decreto nº 5598 de 01/12/2005 define o aprendiz como maior de 14 anos e menor de 24 anos, que estabelece vínculo mediante contrato de aprendizagem nos termos do Artigo 428 da CLT.

  O contrato de aprendizagem é ajustado por prazo determinado não superior a dois anos em que o empregador se compromete a assegurar ao aprendiz, desde que inscrito em programa de aprendizagem, formação técnico-profissional.

- **Temporário**: atende a necessidade transitória, transformando-se em importante instrumento flexibilizador na contratação de trabalho, muito utilizado na atualidade.

  O trabalho temporário é aquele em que o empregado presta serviço a determinada empresa, estando subordinado a ela, mas vinculado profissionalmente a outra empresa.

  O trabalhador temporário tem todos os direitos trabalhistas previstos na CLT, e quem os administra e paga são as empresas que os contratam, ou seja, as agências de trabalho temporário.

- **Doméstico**: antes da promulgação da Constituição Federal de 1988, os empregados domésticos não estavam protegidos pelas leis trabalhistas. O artigo 7º, alínea *a*, da CLT define o empregado doméstico como aquele que presta serviços nas seguintes condições: **natureza não econômica** (sem finalidade de lucro), **à pessoa ou à família** (serviços relacionados com a vida do lar ou familiar) e **no âmbito residencial** (dentro do lar ou a este relacionado).

  O empregado doméstico é segurado obrigatório da Previdência Social, devendo para ela contribuir, assim como seu empregador.

- **Rural**: regido pela Lei nº 5.889, de 09.06.1973 e regulamentado pelo Decreto nº 73.626, de 12.02.1974, o empregado rural é toda pessoa física que presta serviços de natureza não eventual: **a empregador rural**, **sob dependência deste** e **mediante salário**.

O empregador rural é a pessoa física ou jurídica, proprietário ou não, que explore a atividade agroeconômica: **em caráter permanente ou temporário, diretamente ou por preposto, com o auxílio de empregados**.

Como se vê, o que caracteriza o trabalho rural é a prestação de serviços no campo, em atividade de lavoura ou pecuária, com fins lucrativos.

- **Avulso**: aquele que presta serviços sem vínculo de emprego com o tomador do serviço, mas com a intermediação do sindicato da categoria.
- **Terceirizado**: fenômeno moderno que acontece na maioria dos países do mundo, tem sido utilizado como forma de flexibilizar as relações de trabalho, uma vez que transfere a outros a administração de atividades que demandam tempo e desgaste e aumentam os níveis hierárquicos da empresa.

  Na terceirização existem as figuras do tomador e do prestador de serviços, sendo o trabalhador empregado deste último, que lhe deve os direitos trabalhistas, mas está subordinado funcionalmente ao primeiro, ao qual presta serviços.
- **Cooperado**: é o contrato de trabalho firmado entre as Cooperativas de Trabalho e as empresas. Nessa modalidade de emprego, a empresa de trabalho cooperado cede à empresa contratante a mão-de-obra de que necessita. O empregado nessa modalidade irá exercer suas atividades como autônomo, não podendo ter o seu horário fixado e controlado pelo empregador, isto é, seu tempo é livre.

Processo de admissão

É o processo que dá início ao contrato de trabalho, observado o disposto no artigo 444 da Consolidação das Leis do Trabalho que prevê a livre estipulação entre as partes, desde que respeitados a legislação trabalhista, os contratos coletivos e as decisões administrativas das autoridades competentes.

Na admissão se dá a oficialização da relação de emprego, razão pela qual é importante que cada documento seja lido pelo empregado antes da assinatura.

Formas de registro

O registro do empregado pode ser feito em livros, fichas ou sistema eletrônico e trata-se de exigência imposta ao empregador, com as sanções previstas nos casos de seu descumprimento.

REGISTRO DE EMPREGADOS

EMPREGADOR

ENDEREÇO

NÚMERO DE ORDEM		NOME:	NÚMERO DE MATRIC	

FOTOGRAFIA 3 X 4 CMS DE FRENTE COM CABEÇA DESCOBERTA

FILIAÇÃO	PAI MÃE	NACIONALIDADE: NACIONALIDADE:

CARTEIRA TRABALHO	SÉRIE	CARTEIRA RESERVISTA	CATEGORIA	TÍTULO ELEITOR	CÉDULA IDENTIDADE	CIC

DATA DO NASCIMENTO	IDADE	NACIONALIDADE	ESTADO CIVIL	LOCAL DO NASCIMENTO	ESTADO	GRAU DE INSTR.

AUTENTICAÇÃO

QUANDO ESTRANGEIRO.	CART. MOD. 19	É CASADO COM BRASILEIRA?	É NATURALIZADO?	TEM FILHOS BRASILEIROS?
DATA QUE CHEGOU AO BRASIL	REG. GERAL	NOME DO CÔNJUGE		QUANTOS?

ENDEREÇO	
MUNDANÇA DE ENDEREÇO	

FUNDO DE GARANTIA POR TEMPO DE SERVIÇO

DATA DA OPÇÃO — DATA DA RETRATAÇÃO

BANCO DEPOSITÁRIO

BENEFICIÁRIOS	NOME	DATA NASCIMENTO	PARENTESCO

PROGRAMA DE INTEGRAÇÃO SOCIAL

CADASTRADO EM

SOB N.º

BANCO

AGÊNCIA — CÓDIGOS: BANCO: AGÊNCIA:

ENDEREÇO

DATA DA ADMISSÃO	NATUREZA DO CARGO	SEÇÃO	SALÁRIO INICIAL	COMISSÕES	TAREFA		FORMA DE PAGAMENTO

POLEGAR DIREITO

HORÁRIO DE TRABALHO

ENTRADA	REFEIÇÃO	SAÍDA	DESCANSO SEMANAL

CARACTERÍSTICO FÍSICOS

COR	ALTURA	PESO
CABELOS	OLHOS	SINAIS

ESTOU DE PLENO ACORDO COM AS DECLARAÇÕES ACIMA QUE EXPRIMEM A VERDADE

DATA DA SAÍDA
__/__/__

CARIMBO E VISTO DO EMPREGADOR

ASSINATURA DO EMPREGADOR

frente

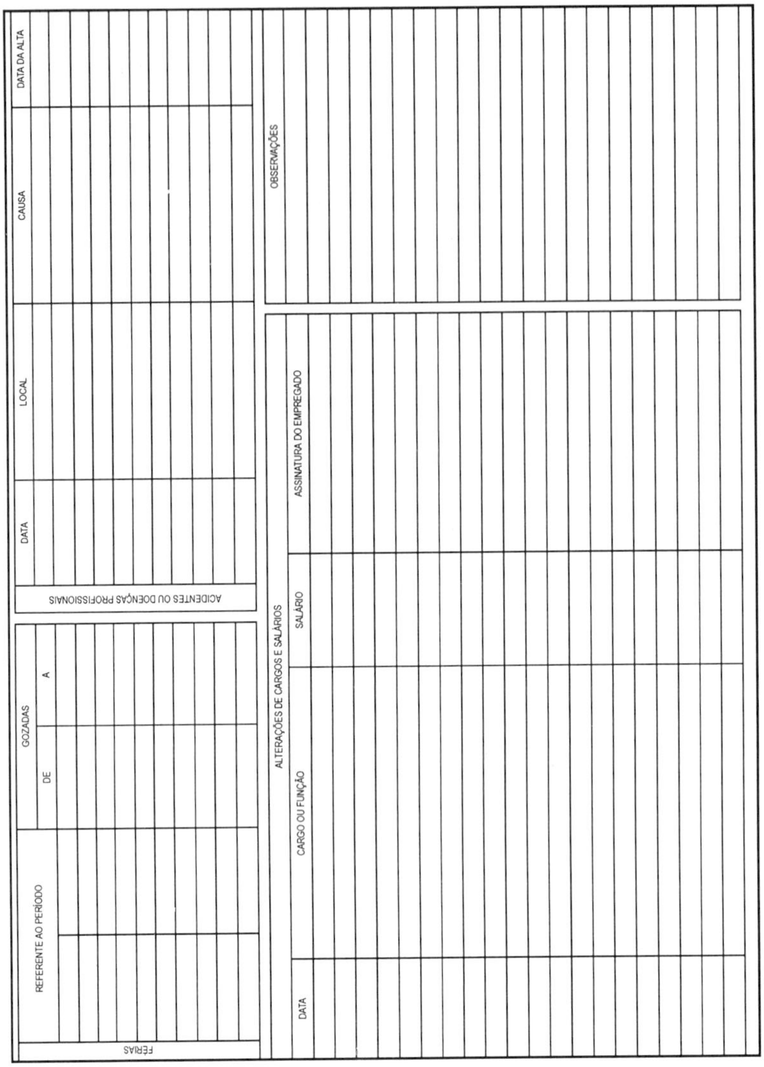

verso

C.T.P.S. - Carteira de Trabalho e Previdência Social

Instituída pelo Decreto nº 21.175, de 21 de março de 1932 e posteriormente regulamentada pelo Decreto nº 22.035, de 29 de outubro de 1932, a Carteira de Trabalho e Previdência Social tornou-se documento obrigatório para toda pessoa que venha a prestar algum tipo de serviço à outra pessoa, seja na indústria, no comércio, na agricultura, na pecuária ou mesmo de natureza doméstica.

A Carteira de Trabalho e Previdência Social é hoje, por suas anotações, um dos únicos documentos a reproduzir com tempestividade a vida funcional do trabalhador. Assim, garante o acesso a alguns dos principais direitos trabalhistas, como seguro-desemprego, benefícios previdenciários e FGTS.

MINISTÉRIO DO TRABALHO
E DA
PREVIDÊNCIA

INSTITUTO NACIONAL DO SEGURO SOCIAL
INSS

CARTEIRA DE TRABALHO
E
PREVIDÊNCIA SOCIAL

ALTERAÇÕES DE IDENTIDADE 9
(Com relação nome, est. civil e data de nasc.)

Nome ....
Doc. ....
Nome ....
Doc. ....
Nome ....
Doc. ....
Est. Civil ....
Nome ....
Doc. ....
Est. Civil ....
Nome ....
Doc. ....
Nascimento ....

10 REGISTRO DE PROFISSÕES REGULAMENTADAS

Registrado em......./......./.......como
....
Nº............ Liv............ Fls............Data............
DRT ....
Ass. do Funcionário

Registrado em......./......./.......como
....
Nº............ Liv............ Fls............Data............
DRT ....
Ass. do Funcionário

Registrado em......./......./.......como
....
Nº............ Liv............ Fls............Data............
DRT ....
Ass. do Funcionário

Registrado em......./......./.......como
....
Nº............ Liv............ Fls............Data............
DRT ....
Ass. do Funcionário

DEPENDENTES 11

Nome	Est. Civil	Idade	Grau de Parentesco

CARTEIRAS ANTERIORES

Número	Série	Data de Entrega

12

CONTRATO DE TRABALHO

Empregador ....

....

CGC/MF ....

Rua .... Nº ....

Município .... Est. ....

Esp. do Estabelecimento ....

Cargo ....

.... CBO nº ....

Data Admissão .... de .... de 19 .....

Registro nº .... Fls./Ficha ....

Remuneração especificada ....

....

....

....

Ass. do empregador ou a rogo c/test.

1º .... 2º ....

Data Saída .... de .... de 19 ....

....

Ass. do empregador ou a rogo c/test.

1º .... 2º ....

Com. Dispensa CD Nº ....

22 CONTRIBUIÇÃO SINDICAL 23

Contribuição do R$	A favor de	Ano	Assinatura do empregador

25

ALTERAÇÕES DE SALÁRIO

Aumentado em ....../......./...... Para R$....................
Na função de ....
CBO .... por motivo de ....
....

....
Assinatura do empregador

Aumentado em ....../......./...... Para R$....................
Na função de ....
CBO .... por motivo de ....
....

....
Assinatura do empregador

Aumentado em ....../......./...... Para R$....................
Na função de ....
CBO .... por motivo de ....
....

....
Assinatura do empregador

Aumentado em ....../......./...... Para R$....................
Na função de ....
CBO .... por motivo de ....
....

....
Assinatura do empregador

34

ANOTAÇÕES DE FÉRIAS

Gozou férias relativas ao período de.................................
de ..../........./........... a ..../........./.............
....
Assinatura do empregador

Gozou férias relativas ao período de.................................
de ..../........./........... a ..../........./.............
....
Assinatura do empregador

Gozou férias relativas ao período de.................................
de ..../........./........... a ..../........./.............
....
Assinatura do empregador

Gozou férias relativas ao período de.................................
de ..../........./........... a ..../........./.............
....
Assinatura do empregador

Gozou férias relativas ao período de.................................
de ..../........./........... a ..../........./.............
....
Assinatura do empregador

25

FGTS - Fundo de Garantia do Tempo de Serviço
(Lei nº 5.107/66, regulamentada pelo Dec. nº 59.820/66

OPÇÃO RETRATAÇÃO

....../....../...... ....../......./......
Dia Mês Ano Dia Mês Ano

Banco depositário...
Agência ....
Praça .... Estado ....
Empresa...
....
Carimbo e assinatura do empregador

OPÇÃO RETRATAÇÃO

....../....../...... ....../......./......
Dia Mês Ano Dia Mês Ano

Banco depositário...
Agência ....
Praça .... Estado ....
Empresa...
....
Carimbo e assinatura do empregador

42

ANOTAÇÕES GERAIS

(Atestado médico, alteração do contrato do trabalho, registros profissionais e outras anotações autorizadas por lei)

....
....
....
....
....
....
....
....
....
....
....
....
....
....
....
....
....
....
....
....

Recibo de Entrega da Carteira de Trabalho e Previdência Social para Anotações

Empregado: ____

CTPS: _______________

Função: _______________

Admissão: _____________

Recebemos a Carteira de Trabalho e Previdência Social acima, para as anotações necessárias e que será devolvida dentro de 48 (quarenta e oito) horas, de acordo com as disposições legais vigentes.

Local e data

____

(Carimbo e assinatura da empresa)

Comprovante de Devolução da Carteira de Trabalho e Previdência Social

Empregado: ____

CTPS: _______________

Função: _______________

Admissão: _____________

Recebi em devolução a Carteira Profissional e Previdência Social acima, com as respectivas anotações.

Local e data

____

(Assinatura do empregado)

Documentos necessários

Para o processo de admissão, o novo empregado deve apresentar os seguintes documentos:

- Carteira de Trabalho e Previdência Social;
- R.G.;
- C.P.F.;
- PIS ou PASEP;
- Título de Eleitor;

- Comprovante de quitação com o Serviço Militar;
- Certidão de casamento;
- Certidão de nascimento dos filhos menores de 14 anos;
- Carteira de vacinação de filhos menores de 7 anos;
- Comprovante de freqüência escolar dos filhos a partir dos 7 anos.

Registro em carteira de trabalho

Perante a CLT, no seu artigo 13 o registro é obrigatório, cujas anotações são a principal prova da existência da relação de emprego e dos direitos do empregado.

A empresa tem o prazo de 48 horas para atualizar a CTPS, sendo esse prazo extremamente rigoroso e passível de multa.

Termos e declarações

Declaração de encargos para fins de Imposto de Renda

Documento de fundamental importância que tem a finalidade de estabelecer os dependentes do empregado, para efeito, se for o caso, de dedução de Imposto de Renda.

Toda vez que houver alteração na relação de dependentes, esse documento deve ser renovado, cuja responsabilidade pelas informações prestadas é unicamente do empregado (veja o formulário de declaração de encargos de Imposto de Renda).

Termo de responsabilidade - Salário-Família

Documento de responsabilidade exclusiva do empregado, discrimina a relação dos dependentes que lhe dão o direito de receber o salário-família da Previdência Social.

São dependentes para esse efeito os filhos menores de 14 anos, os inválidos de qualquer idade, os filhos adotivos e os menores que estejam sob a guarda do empregado, desde que reconhecidos como tal pela Previdência Social (veja a ficha de salário-família).

Declaração de Encargos de Família para Fins de Imposto de Renda

<table>
<tr><td colspan="4">Empresa</td></tr>
<tr><td colspan="3">Endereço (Rua, Avenida, etc.)</td><td>Nº</td></tr>
<tr><td>Bairro</td><td>Cidade</td><td>Estado (UF)</td><td>CEP</td></tr>
<tr><td colspan="2">C.N.P.J.</td><td colspan="2">Inscrição Estadual</td></tr>
</table>

Em obediência à legislação do Imposto de Renda, venho pela presente informar-lhes que tenho como encargo(s) de família, a(s) pessoa(s) abaixo relacionada(s).

Num. Ordem	Nome dos Dependentes	Rel. Dependência	Data Nasc.

Declaro, sob as penas da lei, que as informações aqui prestadas são verdadeiras e de minha inteira responsabilidade, não cabendo a V.S.a(s) (fonte pagadora) qualquer responsabilidade perante a fiscalização.

Local e Data

____
Assinatura do declarante

____
Assinatura do cônjuge em caso de dependentes em comum

<table>
<tr><td colspan="4">Nome do Declarante</td></tr>
<tr><td colspan="3">Endereço (Rua, Avenida, etc.)</td><td>Nº</td></tr>
<tr><td>Bairro</td><td>Cidade</td><td>Estado (UF)</td><td>CEP</td></tr>
<tr><td>Estado Civil</td><td colspan="2">Carteira do Trabalho e Previdência Social (CTPS)</td><td>Série</td></tr>
<tr><td colspan="2">C.P.F. (C.I.C.)</td><td colspan="2">R.G.</td></tr>
<tr><td colspan="4">RENOVAR ESTA DECLARAÇÃO SEMPRE QUE OCORRER ALTERAÇÃO NOS DADOS ACIMA.</td></tr>
</table>

Ficha de Salário-Família

Empresa ______________________ CNPJ/Matr. INSS ______________
Endereço ______________________________________
Bairro ____________ Cidade ____________ Estado____ CEP____________

Nome do Empregado______________________ Cart. Prof. ______Registro __________
Data de Admissão ___/___/____ Data da Cessação ___/___/____
Endereço ______________________________________
Bairro ____________ Cidade ____________ Estado____ CEP____________

Nº Ordem	Nome dos Dependentes	Data Nasc.	Local Nasc.	Cartório	Nº Reg.	Nº Livro	Nº Folha	Data Entrada Certidão	Baixa	Visto Fiscal INSS

VALOR TOTAL DOS SALÁRIOS-FAMÍLIA PAGOS
Em ________ de ______ R$ ________ Em ________ de ______ R$ ________
Em ________ de ______ R$ ________ Em ________ de ______ R$ ________
Em ________ de ______ R$ ________ Em ________ de ______ R$ ________
Em ________ de ______ R$ ________ Em ________ de ______ R$ ________

Recebi os documentos acima.

Data da rescisão ___/___/_____ ____________________
Assinatura

ATESTADOS DE VACINAÇÃO

DOSES / VACINAS		VACINAS OBRIGATÓRIAS NO 1º ANO DE VIDA							
		ANTI-PÓLIO	D.P.T	B.C.G	ANTI VARÍOLA	ANTI SARAMPO	TOXOIDE TETÂNICO	DUPLA	OUTRAS
1ª	DATA								
	POSTO VACINAÇÃO								
2ª	DATA								
	POSTO VACINAÇÃO								
3ª	DATA								
	POSTO VACINAÇÃO								
REFORÇO	DATA								
	POSTO VACINAÇÃO								

OBSERVAÇÕES
____
____
____

Termo de Responsabilidade para Concessão de Salário-Família

Empresa			
Registro	Nome		Depto./Setor/Seção
Num. Ordem	Nome dos Dependentes	Rel. Dependência	Data Nasc.

Pelo presente TERMO DE RESPONSABILIDADE declaro estar ciente de que deverei comunicar de imediato a ocorrência dos seguintes fatos que determinem a perda do direito ao salário-família:

- ÓBITO DE FILHO
- CESSAÇÃO DE INVALIDEZ
- SENTENÇA JUDICIAL

Estou ciente, ainda, que a falta de cumprimento do compromisso ora assumido, além de obrigar a devolução das importâncias recebidas indevidamente, sujeitar-me-á às penalidades previstas no Art. 171 do código penal e a rescisão do contrato de trabalho por justa causa, conforme Art. 482 da C.L.T.

Local e Data

____

Assinatura do declarante

Solicitação de Vale-Transporte

Documento dado pelo empregador ao empregado em que é declarado quantas conduções o empregado utiliza para se deslocar de sua casa ao trabalho: do trabalho para casa.

SOLICITAÇÃO DE VALE TRANSPORTE

Nome do Empregado: Nº de Reg.:

Função: CTPS N.º Série

Á

Empresa:

Endereço: Cidade: UF:

☐ **Opto pela Utilização do Vale-Transporte** ☐ **Não opto pela Utilização do Vale-Transporte**

Nos termos do artigo 7º do Decreto Nº 95.247 de 17 de novembro de 1987,solicito receber o Vale-Transporte e comprometo-me:

a) a utilizá-lo exclusivamente para meu efetivo deslocamento residência-trabalho e vice-versa;
b) a renovar anualmente ou sempre que ocorrer alteração no meu endereço residencial ou dos serviços e meios de transporte mais adequados ao meu deslocamento residência/trabalho e vice-versa;
c) autorizo a descontar até 6%(seis porcento) do meu salário básico mensal para concorrer ao custeio do Vale-Transporte (conforme o artigo9º do Decreto Nº 95.247/87)
d) declaro estar ciente de que a declaração falsa ou o uso indevido do Vale-Transporte constituem falta grave (conforme o § 3º do artigo 7º do Decreto Nº 95.247/87).

Minha residência atual
Rua/ Av: Nº

Bairro: Cidade UF CEP

MEIO DE TRANSPORTE

		TIPO	NOME E Nº DA LINHA	EMPRESA TRANSPORTADORA	TARIFA
RESIDÊNCIA/TRABALHO	1				
	2				
	3				
	4				
	5				
	6				
TRABALHO/RESIDÊNCIA	1				
	2				
	3				
	4				
	5				
	6				

A ROGO

1. .... Nome .... de .... de ....

.... Assinatura .... Assinatura

.... RG e Órgão Emissor

Impressão Digital

2. .... Nome

.... Assinatura

.... RG e Órgão Emissor

Acordo para prorrogação de horas de trabalho

Documento utilizado em complementação ao contrato de trabalho, que especifica a duração da jornada de trabalho diária, como serão remuneradas as horas excedentes, o horário de trabalho.

ACORDO PARA PRORROGAÇÃO DE HORAS DE TRABALHO

Entre a Firma ....

Endereço .... Nº ....

Com o ramo de .... e o empregado abaixo assinado, portador da Carteira Profissional Nº .... Série ...., fica convencionado o seguinte:

A duração do Trabalho diário, será prorrogada por mais .... horas, sendo consideradas extraordinárias, e pagas com acréscimo, as horas que excederem as do horário normal de trabalho (quarenta e quatro horas semanais ou 6 horas diárias)

Fica assim fixada a importância da remuneração:

Salário hora normal R$............... (...)

Salário hora extraordinário R$............... (...)

O horário de Trabalho durante a vigência deste acordo, será das .... às .... e das .... às .... e aos sábados das .... às .... horas.

E, por estarem de pleno acordo, as partes contratantes assinaram o presente acordo em duas vias, o qual vigorará até ....

....

.................................., ... de .... de ....

.... Empregado

.... Empregador

CAGED - Cadastro Geral de Empregados e Desempregados

Documento criado pelo Governo Federal por intermédio da Lei nº 4.923/65 instituiu o registro permanente das admissões e dispensa de empregados, sob o regime da CLT.

Esse cadastro serve como base para a elaboração de estudos, pesquisas, projetos e programas ligados ao mercado de trabalho, ao mesmo tempo em que subsidia a tomada de decisões para ações governamentais.

É utilizado ainda pelo Programa de Seguro-Desemprego, para conferir os dados referentes aos vínculos trabalhistas, além de outros programas sociais.

Deve informar ao Ministério do Trabalho e Emprego todo o estabelecimento que tenha admitido, desligado ou transferido empregado com contrato de trabalho regido pela CLT, ou seja, que tenha efetuado qualquer tipo de movimentação em seu quadro de empregados.

O prazo de entrega é até o dia 7 do mês subseqüente ao mês de referência das informações.

A omissão ou atraso na entrega dessa declaração coloca o estabelecimento passível de multa, calculada de acordo com o período do atraso e o número de empregados não informados.

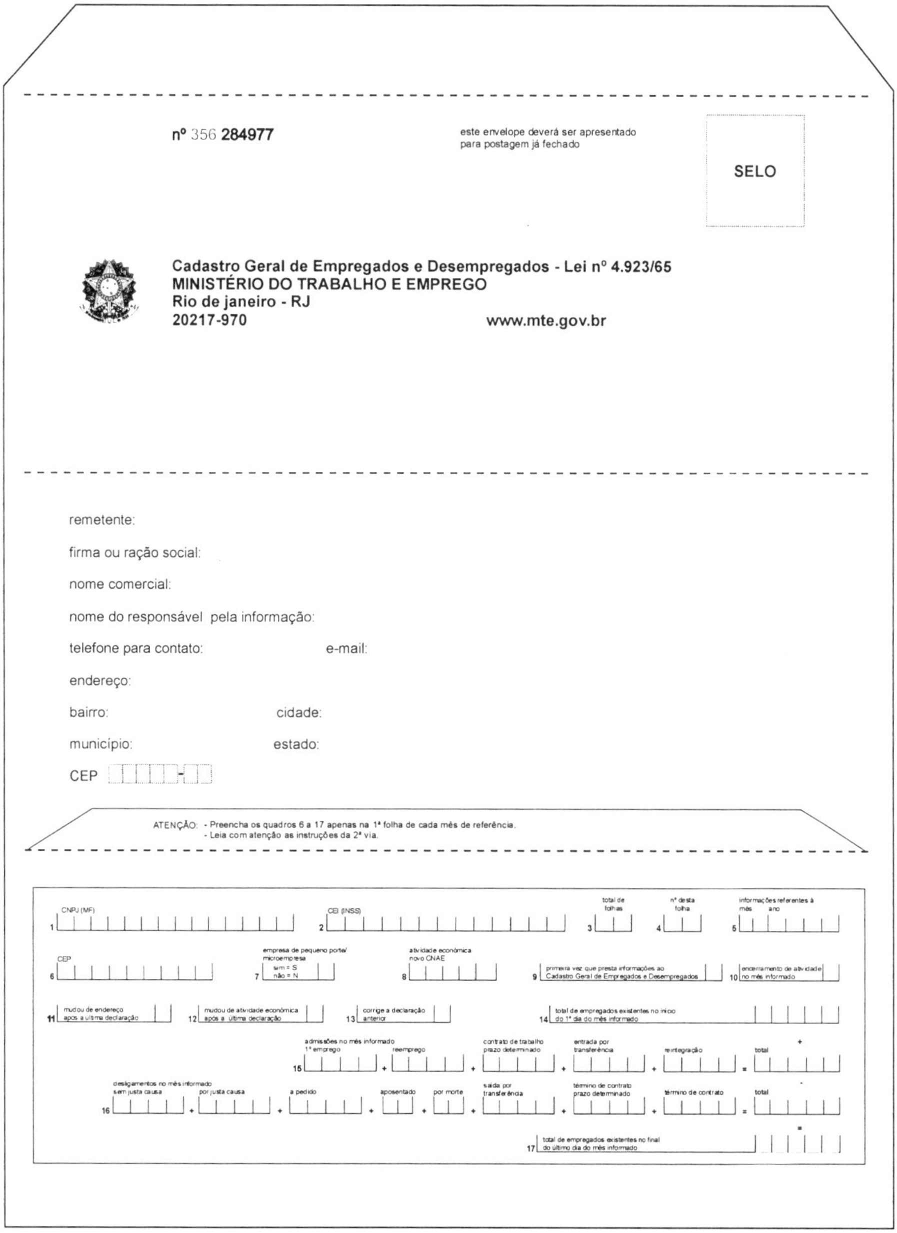

nº 356 **284977**

este envelope deverá ser apresentado
para postagem já fechado

SELO

Cadastro Geral de Empregados e Desempregados - Lei nº 4.923/65
MINISTÉRIO DO TRABALHO E EMPREGO
Rio de janeiro - RJ
20217-970
www.mte.gov.br

remetente:
firma ou ração social:
nome comercial:
nome do responsável pela informação:
telefone para contato: e-mail:
endereço:
bairro: cidade:
município: estado:
CEP -

ATENÇÃO: - Preencha os quadros 6 a 17 apenas na 1ª folha de cada mês de referência.
- Leia com atenção as instruções da 2ª via.

1 CNPJ (MF)
2 CEI (INSS)
3 total de folhas
4 nº desta folha
5 informações referentes à mês ano
6 CEP
7 empresa de pequeno porte/ microempresa sim = S não = N
8 atividade econômica novo CNAE
9 primeira vez que presta informações ao Cadastro Geral de Empregados e Desempregados
10 encerramento de atividade no mês informado
11 mudou de endereço após a última declaração
12 mudou de atividade econômica após a última declaração
13 corrige a declaração anterior
14 total de empregados existentes no início do 1º dia do mês informado
15 admissões no mês informado: 1º emprego + reemprego + contrato de trabalho prazo determinado + entrada por transferência + reintegração = total (+)
16 desligamentos no mês informado: sem justa causa + por justa causa + a pedido + aposentado + por morte + saída por transferência + término de contrato prazo determinado + término de contrato = total (-)
17 total de empregados existentes no final do último dia do mês informado (=)

pis / pasep — sexo — raça/cor — grau de instrução — código CBO — deficiente físico — nome completo

18 — 19 — 20 — 21 — 22 — 23 sim = S não = N — 18

carteira de trabalho e previdência social número série uf — data de nascimento dia mês ano — remuneração (com centavos) — horas trabalhadas por semana — data de admissão dia mês ano — dia do desligamento — tipo de movimento

1 25 — 26 — 27 — 28 — 29 — 30 — 31 2

pis / pasep — sexo — raça/cor — grau de instrução — código CBO — deficiente físico — sim = S não = N — nome completo

carteira de trabalho e previdência social número série uf — data de nascimento dia mês ano — remuneração (com centavos) — horas trabalhadas por semana — data de admissão dia mês ano — dia do desligamento — tipo de movimento

2 4

pis / pasep — sexo — raça/cor — grau de instrução — código CBO — deficiente físico — sim = S não = N — nome completo

carteira de trabalho e previdência social número série uf — data de nascimento dia mês ano — remuneração (com centavos) — horas trabalhadas por semana — data de admissão dia mês ano — dia do desligamento — tipo de movimento

3 6

pis / pasep — sexo — raça/cor — grau de instrução — código CBO — deficiente físico — sim = S não = N — nome completo

carteira de trabalho e previdência social número série uf — data de nascimento dia mês ano — remuneração (com centavos) — horas trabalhadas por semana — data de admissão dia mês ano — dia do desligamento — tipo de movimento

4 8

1ª DOBRA

pis / pasep — sexo — raça/cor — grau de instrução — código CBO — deficiente físico — nome completo

18 — 19 — 20 — 21 — 22 — 23 sim = S não = N — 18

carteira de trabalho e previdência social número série uf — data de nascimento dia mês ano — remuneração (com centavos) — horas trabalhadas por semana — data de admissão dia mês ano — dia do desligamento — tipo de movimento

5 25 — 26 — 27 — 28 — 29 — 30 — 31 0

pis / pasep — sexo — raça/cor — grau de instrução — código CBO — deficiente físico — sim = S não = N — nome completo

carteira de trabalho e previdência social número série uf — data de nascimento dia mês ano — remuneração (com centavos) — horas trabalhadas por semana — data de admissão dia mês ano — dia do desligamento — tipo de movimento

6 1

pis / pasep — sexo — raça/cor — grau de instrução — código CBO — deficiente físico — sim = S não = N — nome completo

carteira de trabalho e previdência social número série uf — data de nascimento dia mês ano — remuneração (com centavos) — horas trabalhadas por semana — data de admissão dia mês ano — dia do desligamento — tipo de movimento

7 3

pis / pasep — sexo — raça/cor — grau de instrução — código CBO — deficiente físico — sim = S não = N — nome completo

carteira de trabalho e previdência social número série uf — data de nascimento dia mês ano — remuneração (com centavos) — horas trabalhadas por semana — data de admissão dia mês ano — dia do desligamento — tipo de movimento

8 6

2ª DOBRA

pis / pasep — sexo — raça/cor — grau de instrução — código CBO — deficiente físico — nome completo

18 — 19 — 20 — 21 — 22 — 23 sim = S não = N — 18

carteira de trabalho e previdência social número série uf — data de nascimento dia mês ano — remuneração (com centavos) — horas trabalhadas por semana — data de admissão dia mês ano — dia do desligamento — tipo de movimento

1 25 — 26 — 27 — 28 — 29 — 30 — 31 7

pis / pasep — sexo — raça/cor — grau de instrução — código CBO — deficiente físico — sim = S não = N — nome completo

carteira de trabalho e previdência social número série uf — data de nascimento dia mês ano — remuneração (com centavos) — horas trabalhadas por semana — data de admissão dia mês ano — dia do desligamento — tipo de movimento

2 3

pis / pasep — sexo — raça/cor — grau de instrução — código CBO — deficiente físico — sim = S não = N — nome completo

carteira de trabalho e previdência social número série uf — data de nascimento dia mês ano — remuneração (com centavos) — horas trabalhadas por semana — data de admissão dia mês ano — dia do desligamento — tipo de movimento

3 5

pis / pasep — sexo — raça/cor — grau de instrução — código CBO — deficiente físico — sim = S não = N — nome completo

carteira de trabalho e previdência social número série uf — data de nascimento dia mês ano — remuneração (com centavos) — horas trabalhadas por semana — data de admissão dia mês ano — dia do desligamento — tipo de movimento

4 7

3ª DOBRA

PASSE COLA AQUI

A E.C.T. recebe a 1ª via fechada
valendo este carimbo como registro de objeto postal

INSTRUÇÕES PARA O PREENCHIMENTO

- O formulário prevê dois conjuntos de informações:
a) Dados relativos ao estabelecimento que movimentou trabalhadores no mês informado, seja por admissão, transferência ou desli gamento. Esses dados devem ser informados através do preenchimento dos campos 1 a 17 na frente do formulário.
b) Dados individuais dos trabalhadores que foram admitidos, transferidos ou desligados no mês informado. Esses dados devem ser fornecidos para cada trabalhador, pelo preenchimento dos campos 18 a 30 no verso do formulário, sendo possíveis as informa ções individuais sobre a movimentação de 12 trabalhadores. Caso o estabelecimento informante tenha movimentado um número maior de empregados, deve utilizar mais de uma folha para completar a relação de empregados movimentados. Neste caso, as informações sobre o estabelecimento (CAMPOS 1 a 17) devem ser preenchidas na l' folha. Nas subsequentes, basta informar o código identificador do estabelecimento, o total de folhas utilizadas, o número de cada folha e a informação referente a mês/ano (campos 1 a 5).

- Todas as folhas devem ser preenchidas em duas vias A1ªdeve ser remetida ao Ministério do Trabalho e Emprego e a 2' deve ser guardada no estabelecimento, ficando à disposição da Fiscalização do Trabalho.
- No caso da informação ser prestada em uma só folha do formulário. ela deve ser remetida ao Ministério do Trabalho e Emprego na forma original de aerograma, sendo a pastagem de responsabilidade do estabelecimento informante. A 2' via deve ser carimbada pela agência do correio para comprovação da data de envio da informação ao MTE.
- Se for necessária a utilização de mais de uma folha do formulário, devem ser colocadas juntas em um envelope que será fechado e remetido, como correspondência registrada, ao Ministério do Trabalho e Emprego, para o endereço indicado no aerograma. Neste caso, o recibo do registro postal será o comprovante de remessa da informação ao MTE e deverá ser arquivado com a 2' via do formulário.
- As informações devem referir-se sempre ao estabelecimento que movimentou empregados no mês informado. A comunicação pode ser feita pela matriz, situada na mesma cidade: ou em outra, mas sempre identificando o estabelecimento onde ocorreu a movimentação. Neste caso, a matriz deverá remeter a 2' via do formulário, dentro do prazo de 15 dias, ao estabelecimento filial, que a deixará à disposição da Fiscalização do Trabalho.

AS INFORMAÇÕES DEVEM ESTAR COMPLETAS E CORRETAS. O ERRO TORNARÁ NULO O DOCUMENTO, SUJEITANDO A EMPRESA ÀS MULTAS PREVISTAS EM LEI.

Para o preenchimento dos vários campos do formulário, basta seguir as instruções:

CAMPO 1 - **CNPJ** Informe o número do CNPJ (antigo CGC) do estabelecimento que admitiu, transferiu ou demitiu o trabalhador, mesmo que a comunicação esteja sendo feita pela matriz.
CAMPO 2 - **CEI (INSS)** Não havendo inscrição do estabelecimento no Cadastro Geral de Contribuintes - CGC, informe o número de registro do estabelecimento no CEI Cadastro Específico do INSS.

Observações - Qualquer alteração do código identificador do estabelecimento deve ser comunicada ao Ministério do Trabalho e Emprego, através de ofício. carta, telegrama, telex ou fax.

CAMPO 3 - **Total de folhas** Indique o número total de folhas do formulário utilizadas para o mês informado.
CAMPO 4 - **Nº desta folha** Indique o número de ordem da folha que está sendo preenchida.
CAMPO 5 - **Informação referente a mês/ano** Informe o mês e o ano referentes ao movimento declarado. Nunca indique num mesmo formulário, admissões, ou desligamentos ocorridos em meses e anos diferentes.

ATenção - No caso de correção de informações anteriores, indique neste campo o mês e o ano que estão sendo corrigidos.

CAMPO 6 - **CEP** Informe o número do CEP (Código de Endereçamento Postal) do estabelecimento onde foram feitas admissões, transferências ou demissões.
CAMPO 7 - **Empr. peq. porte/micro empresa** Informe se o estabelecimento se enquadra como Micro Empresa ou Empresa de Pequeno Porte, de acordo com a lei n.' 9841 de 5.10.99, utilizando: **S** para indicar **SIM** e **N** para indicar **NÃO**.
CAMPO 8 - **Atividade Econômica - CNAE/95** Informe a atividade econômica principal do estabelecimento de acordo com a Classificação Nacional de Atividades Econômicas, publicada no D.O.U. no dia 26/12/94.
CAMPO 9 - **Primeira vez que presta informações ao Cadastro Geral de Empregados e Desempregados** Preencher com um X se for o primeiro mês em que o estabelecimento apresenta a declaração ao MTE, informando admissões ou desligamentos de empregados.
CAMPO 10 - Encerramento de atividade no mês informado Se o estabelecimento tiver encerrado sua atividade no mês informado, assinale o quadro com um X. Caso contrário, deixe-o em branco.
CAMPO 11 - **Mudou de endereço após a última deiclaração.** Preencher X se oatual endereço do estabelecemento dfor diferente do informado na última declaração envida ao MTE.
CAMPO 12 - **Mudou de atividade econômica após a ultima declaração.** Preencher um X se a atividade econômica exercida atualmente pelo estabelecimento dor diferente da informada na última declaração rnviada ao MTE.
CAMPO 13 - **Corrige declaração anterior** Se a informação estiver corrigindo declaração anterior, assinale o quadro com um X. Caso contrário, deixe-o em branco. Lembre-se de que, neste caso, o campo 5 - Informação referente a mês/ano - deve ser preenchido com o mês e ano a que se refere a correção.
CAMPO 14 - **Total de empregados existentes no início do primeiro dia do mês informado** Indique o total de empregados do estabelecimento no início do primeiro dia do mês informado, antes de ter sido efetuada qualquer movimentação
CAMPO 15 - **Admissões no mês informado** Indique o número de empregados admitidos no mês informado, registrando os números correspcndentes a l' emprego, reemprego, contrato de trabalho por prazo determinado, entrada por transferência ou reintegração nos espaços respectivos para cada um desses tipos de admissão. Informe o total das admissões do mês no espaço indicado como total. Este valor deve ser igual à soma das quatro parcelas correspondentes aos tipos possíveis de admimissões.

Admissões 1º emprego + reemprego + contrato de trabalho por prazo determinado + entrada por transferência + reintegração = total

Atenção Entrada por transferência Refere-se ao recebimento de empregados de outros estabelecimentos da mesma empresa, ou de um mesmo grupo de empresas, ou ainda nos casos de fusão, cisão, incorporação ou desmembramento de empresa

Contrato de trabalho por prazo determinado - Utilize este campo para informar as admissões em contrato de trabalho por prazo determinado conforme a Lei n' 9.601/98.

Reintegração Utilize esse campo para informar as reintegrações de empregados por decisão judicial ou acordo.

CAMPO 16 - Desligamento do mês informado - Indique o número de empregados dispensados no mes informado, indicando os números correspondentes a desligamentos sem justa causa, por justa causa, a pedido, por aposentadoria, por morte, saída por transferência, término de contrato pr prazo indeterminado ou término de contrato nos espaços correspondentes a casa um desses tipos de desligamentos. Informe o total de desligamentos do mês no espaço indicado como total. Este valor deve ser igual à soma das sete parcelas correspondentes aos tipos possíveis de desligamentos.

Desligamentos sem justa causa + por justa causa+ a pedido + a posentados + por morte + saída por transferência + término de contrato por prazo determinado + término de contrato = total.

Atenção - Saída por transferência Refere-se à saída de empregado para outro estabelecimento da mesma empresa ou de um mesmo grupo de empresas ou, ainda, saída de empregados por fusão, cisão, incorporação ou desmembramento de empresa
- Término de contrato por prazo detenninado - Refere-se ao desligamento de empregado ao final do contrato de trabalho por prazo determinado conforme a Lei n' 9.601/98
- Ténnino de contrato Refere-se ao desligamento de empregado ao final de contrato por prazo determinado.

CAMPO 17 **Total de empregados existentes no final do último dia do mês nformado** Indique o total de empregados so estaelecimento no final do último dia do mês infoemado, após teres sido efetuadas todas as movimentações relativas a esse mês.

Observações 1. Os campos de 6 a 17 só devem ser preenchidos na 1ª folha de cada mês informado.
2. O total de empregados no início do primeiro dia do mês informado, mais o total de admissões, menos o total de desligamentos deve ser igual ao total de empregados no final do último dia do mês informado.

CAMPO 14 + CAMPO 15 (TOTAL) - CAMPO 16 (TOTAL) = CAMPO 17

Atenção O total de admissões (Campo 15) e o total de desligamentos (Campo 16), informados na 1ª folha do formulário, devem ser informações dos trabalhadores admitidos e desligados, respectiva mente. Para cada movimento devem ser preenchidos os campos de 18 a 30.

CAMPO 18 - **PIS/PASEP** Informe o código do PIS ou do PASEP do empregado.
CAMPO 19 - Sexo Informe o sexo do empregado, utilizando o código 1 para o Sexo masculino e 2 para o feminino.
CAMPO 20 - **Raça/Cor**: Informe a raça ou cor do empregado, utilizando os códigos:
2 = branca
4 = preta
6 = amarela
8 = parda
0 = indígena
CAMPO 21 - **Grau de Instrução** Preencha com o código correspondente ao grau de instrução do empregado.
código 1: analfabeto, inclusive os que embora tenham recebido instrução, não se alfabetizaram ou tenham esquecido.
código 2: até a 4' série incompleta do l' grau (primário incompleto), ou que se tenha alfabetizado sem ter freqüentado escola regular.
código 3: 4' série completa do l' grau (primário completo).
código 4: da 5' a 8' série incompleta do l' grau (ginasial incompleto).
código 5;-1' grau (ginasial completo).
código 6: 2' grau (colegial incompleto.
código 7: 2' grau (colegial completo.
código 8: superior incompleto.
código 9: superior completo.
CAMPO 22 - Código da Ocupação Preencha com o código da ocupação (5 digitos) do empregado, conforme a Classificação Brasileira de Ocupações (CBO). Se não for possível identificar a ocupação na CBO, informe o código do Grupo de Base (3 dígitos), da CBO, que compreende essa ocupação. Neste caso, complete os dois últimos espaços da direia com o número 90.
CAMPO 23 - **Deficiente físico** Informe se o empregado é portador de algma deficiência física utilizando: **N** para indicar **NÃO** e **S** para indicar **SIM**.
CAMPO 24 - **Nome completo** Informe o nome completo do empregado.
CAMPO 25 - **Carteira de Trabalho e Previdência Social** Preencha com o número, a série e a Unidade da Federação emissora da CTPS.
CAMPO 26 - **Data de Nascimento** Preencha com o dia, o mês e o ano de nascimento do empregado admitido ou desligado.
CAMPO 27 - **Remuneração mensal** Preencha com o valor total da remuneração do empregado com os centavos. Nas admissões, informe a remuneração prometida para o primeiro mês completo de atividade, independente da forma de pagamento (mensal, quinzenal, semanal, diário, por hora ou Ror comissão). Nos desligamentos, indique a remuneração integral a que o empregado faria jus no último mês completo de atividade, mesmo que tenha saído antes de completar os 30 dias. Se o empregado receber por hora, dia, semana o quinzena, calcule o valor mensal equivalente e o informe. Considere remuneração, os salários e valores referentes a rendimeno do trabalho, na forma de legislação do Imposto de renda (pessoa Física). Não devem ser computados como remuneração: Indenizações sonre o 13º salário (Enunciado TST148); salário família; férias pags na rescisção do contrato; aviso prévio pafo em dinheio; salário-maternidade (Enunciado TST 142) e outros valores que não correspondam a reneimento do trabalho.
CAMPO 28 - **Horas trabalhadas por semana** Preencha com o número de horas normais de trabalho do empregado por semana.
CAMPO 29 - **Data de Admissão** Informe o dia, o mês e o ano de admissão do empregado no estabelecimento. No caso de transferência, indique a data em que o empregado foi recebido por transferência, no estabelecimento.
CAMPO 30 - **Dia do Desligamento** Informe o dia que o empregado se desligou do estabelecimento. No caso de transferência, informe o dia em que o empregado foi transferido para outro estabelecimento.
CAMPO 31 - **Tipo de Movimentação** Informe o tipo de movimentação ocorrida, segundo os códigos:
Codigo 10: admissão de empregado no 1º emprego.
código 20: admissão de empregado com emprego anterior.
código 25: admissão de empregado com contrato de trabalho por prazo determinado
código 31: dispensa sem justa causa.
código 32: dispensa eor justa causa.
código 35: reintegraçao.
código 40: desligamento por iniciativa própria (a pedido).
código 43: término de contrato de trabalho por prazo determinado
código 45: término de contrato de trabalho
código 50: desligamento por aposentadoria.
código 60: desligamento por aposentadoria.
código 70: transferência de entrada.
código 80: transferência de saída.

1 CNPJ (MF) ______ 2 CEI (INSS) ______ 3 total de folhas ______ 4 nº desta folha ______ 5 informações referentes à mês ______ ano ______

6 CEP ______ 7 empresa de pequeno porte/ microempresa sim = S não = N ______ 8 atividade econômica novo CNAE ______ 9 primeira vez que presta informações ao Cadastro Geral de Empregados e Desempregados ______ 10 encerramento de atividade no mês informado ______

11 mudou de endereço após a última declaração ______ 12 mudou de atividade econômica após a última declaração ______ 13 corrige a declaração anterior ______ 14 total de empregados existentes no início do 1º dia do mês informado ______

+

15 admissões no mês informado 1º emprego ______ + reemprego ______ + contrato de trabalho prazo determinado ______ + entrada por transferência ______ + reintegração ______ = total ______

-

16 deligamentos no mês informado sem justa causa ______ + por justa causa ______ + a pedido ______ + aposentado ______ + por morte ______ + saída por transferência ______ + término de contrato prazo determinado ______ + término de contrato ______ = total ______

=

17 total de empregados existentes no final do último dia do mês informado ______

pis / pasep | sexo | raça/cor | grau de instrução | código CBO | deficiente físico | nome completo
18 | 19 | 20 | 21 | 22 | 23 sim = S não = N | 18
carteira de trabalho e previdência social número série uf | data de nascimento dia mês ano | remuneração (com centavos) | horas trabalhadas por semana | data de admissão dia mês ano | dia do desligamento | tipo de movimento
1 25 | 26 | 27 | 28 | 29 | 30 | 31 2

pis / pasep | sexo | raça/cor | grau de instrução | código CBO | deficiente físico sim = S não = N | nome completo
carteira de trabalho e previdência social número série uf | data de nascimento dia mês ano | remuneração (com centavos) | horas trabalhadas por semana | data de admissão dia mês ano | dia do desligamento | tipo de movimento
2 4

pis / pasep | sexo | raça/cor | grau de instrução | código CBO | deficiente físico sim = S não = N | nome completo
carteira de trabalho e previdência social número série uf | data de nascimento dia mês ano | remuneração (com centavos) | horas trabalhadas por semana | data de admissão dia mês ano | dia do desligamento | tipo de movimento
3 6

pis / pasep | sexo | raça/cor | grau de instrução | código CBO | deficiente físico sim = S não = N | nome completo
carteira de trabalho e previdência social número série uf | data de nascimento dia mês ano | remuneração (com centavos) | horas trabalhadas por semana | data de admissão dia mês ano | dia do desligamento | tipo de movimento
4 8

pis / pasep | sexo | raça/cor | grau de instrução | código CBO | deficiente físico | nome completo
18 | 19 | 20 | 21 | 22 | 23 sim = S não = N | 18
carteira de trabalho e previdência social número série uf | data de nascimento dia mês ano | remuneração (com centavos) | horas trabalhadas por semana | data de admissão dia mês ano | dia do desligamento | tipo de movimento
5 25 | 26 | 27 | 28 | 29 | 30 | 31 0

pis / pasep | sexo | raça/cor | grau de instrução | código CBO | deficiente físico sim = S não = N | nome completo
carteira de trabalho e previdência social número série uf | data de nascimento dia mês ano | remuneração (com centavos) | horas trabalhadas por semana | data de admissão dia mês ano | dia do desligamento | tipo de movimento
6 1

pis / pasep | sexo | raça/cor | grau de instrução | código CBO | deficiente físico sim = S não = N | nome completo
carteira de trabalho e previdência social número série uf | data de nascimento dia mês ano | remuneração (com centavos) | horas trabalhadas por semana | data de admissão dia mês ano | dia do desligamento | tipo de movimento
7 3

pis / pasep | sexo | raça/cor | grau de instrução | código CBO | deficiente físico sim = S não = N | nome completo
carteira de trabalho e previdência social número série uf | data de nascimento dia mês ano | remuneração (com centavos) | horas trabalhadas por semana | data de admissão dia mês ano | dia do desligamento | tipo de movimento
8 5

pis / pasep | sexo | raça/cor | grau de instrução | código CBO | deficiente físico | nome completo
18 | 19 | 20 | 21 | 22 | 23 sim = S não = N | 18
carteira de trabalho e previdência social número série uf | data de nascimento dia mês ano | remuneração (com centavos) | horas trabalhadas por semana | data de admissão dia mês ano | dia do desligamento | tipo de movimento
1 25 | 26 | 27 | 28 | 29 | 30 | 31 7

pis / pasep | sexo | raça/cor | grau de instrução | código CBO | deficiente físico sim = S não = N | nome completo
carteira de trabalho e previdência social número série uf | data de nascimento dia mês ano | remuneração (com centavos) | horas trabalhadas por semana | data de admissão dia mês ano | dia do desligamento | tipo de movimento
2 3

pis / pasep | sexo | raça/cor | grau de instrução | código CBO | deficiente físico sim = S não = N | nome completo
carteira de trabalho e previdência social número série uf | data de nascimento dia mês ano | remuneração (com centavos) | horas trabalhadas por semana | data de admissão dia mês ano | dia do desligamento | tipo de movimento
3 5

pis / pasep | sexo | raça/cor | grau de instrução | código CBO | deficiente físico sim = S não = N | nome completo
carteira de trabalho e previdência social número série uf | data de nascimento dia mês ano | remuneração (com centavos) | horas trabalhadas por semana | data de admissão dia mês ano | dia do desligamento | tipo de movimento
4 7

Legislação trabalhista e previdenciária

Hierarquia trabalhista

As leis trabalhistas estão inseridas em uma hierarquia que se apresenta da seguinte maneira:

- Constituição Federal;
- CLT (conjunto de leis esparsas consolidadas em 1943 e complementadas por leis ou decretos emanados posteriormente);
- Jurisprudência (conjunto uniforme de sentenças proferidas por juízes);
- Doutrina (conjunto dos pareceres dos juristas, isto é, estudiosos do Direito);
- Norma Coletiva de Trabalho (resultante de negociação entre empregados, representados por sindicatos e empregadores);
- Regimento Interno da Empresa;
- Contrato Individual de Trabalho.

Nos dias de hoje, a norma coletiva de trabalho (dissídio, acordo ou contrato coletivo) vem despontando como o veículo mais adequado para modificar as relações de trabalho, gerando novos direitos e deveres ou ampliando os existentes. Não se pode, portanto, avaliar qualquer direito trabalhista sem conhecer a norma coletiva que rege a relação de trabalho na qual estão inseridos empregado e empregador.

A CLT e a Convenção Coletiva de Trabalho

A CLT, Consolidação das Leis do Trabalho, constitui-se na reunião das normas disciplinadoras das relações de trabalho.

No decorrer de sua existência vem sofrendo adições e modificações, procurando adequar à realidade empregatícia atual.

Além de conter as regras básicas do direito do trabalho, a CLT traz alguns assuntos, tais como: fiscalização do trabalho, trabalho portuário, FGTS, rescisão do contrato de trabalho, seguro-desemprego, súmulas, enunciados e jurisprudência dos tribunais de 1º, 2º e 3º instâncias, enfim, podemos dizer que é um manual de mesa no Departamento de Pessoal.

Em seu Título I - Introdução - Art. 2º define claramente o empregador como "a empresa, individual ou coletiva, que, assumindo os riscos da atividade econômica, admite, assalaria e dirige a prestação pessoal de serviço".

Em seu Art. 3º define o empregado como toda pessoa física que prestar serviços de natureza não eventual a empregador sob a dependência deste e mediante salário.

Já a Convenção Coletiva de Trabalho é um acordo trabalhista firmado entre empresa, sindicato e empregado que melhora e amplia as disposições contidas na CLT.

A Convenção Coletiva de Trabalho tem validade por 1 (um) ano e é renovada em sua data base garantindo ao empregado (para aqueles que foram admitidos antes da vigência do acordo) um aumento salarial medido pela inflação verificada no período de vigência.Para aqueles que foram admitidos após a vigência do acordo coletivo, prevê aumentos proporcionais. Suas cláusulas prevalecem sobre a CLT quando evidentemente modificam seus valores, direitos e obrigações.

Duração do trabalho

Conforme o Art. 58 da CLT - a duração normal do trabalho para os empregados em qualquer atividade privada não excederá 8 (oito) horas diárias, desde que não seja fixado expressamente outro limite.

O Art. 7º, XIII da Constituição Federal de 1988, estabelece a duração do contrato de trabalho normal não superior a 8:00 horas diárias e 44 horas semanais (44:00 h/6 dias =7:33 hs ou 7:20 h por dia), facultada a compensação de horários e a redução da jornada, mediante acordo ou convenção coletiva de trabalho.

Pelo Art. 59 a duração normal do trabalho poderá ser acrescida de horas suplementares, em número que não exceda 2 (duas) horas, mediante acordo escrito entre empregador e empregado, ou mediante contrato coletivo de trabalho. As horas suplementares deverão ser remuneradas, pelo menos em 50% (cinqüenta por cento) superior ao valor da hora normal.

Intervalo para repouso e alimentação

Até 4:00 horas de trabalho = não há intervalo

De 4:00 horas a 6:00 horas de trabalho = 15 minutos

Acima de 6:00 horas = de 1:00 hora a 2:00 horas

Quando o intervalo citado não for concedido pelo empregador, ele deve remunerar com cinqüenta por cento sobre o valor da hora normal de trabalho.

HORÁRIO DE TRABALHO

Empregador____________ Denominação do Estabelecimento ____________

Rua ____________ Nº ____________ Atividade ____________

Nº de ordem	NOME DO EMPREGADO	Função	Seção	CART. PROFISSIONAL Número	Série	Entrada		Intervalo			Saída		Desc. Sem.	Visto do Fiscal
						Às	hs	Das	às	hs	Às	hs		
						"	"	"	"	"	"	"		
						"	"	"	"	"	"	"		
						"	"	"	"	"	"	"		
						"	"	"	"	"	"	"		
						"	"	"	"	"	"	"		
						"	"	"	"	"	"	"		
						"	"	"	"	"	"	"		
						"	"	"	"	"	"	"		
						"	"	"	"	"	"	"		
						"	"	"	"	"	"	"		
						"	"	"	"	"	"	"		
						"	"	"	"	"	"	"		
						"	"	"	"	"	"	"		
						"	"	"	"	"	"	"		
						"	"	"	"	"	"	"		
						"	"	"	"	"	"	"		
						"	"	"	"	"	"	"		
						"	"	"	"	"	"	"		

O horário aos sábados é das________ às ______ com intervalo de _____ minutos.

OBSERVAÇÕES:____________

____________ , ______ de ____________ de 19 ______

____

Assinatura do Empregador ou de seu representante legal

HORÁRIO DE TRABALHO PARA MENORES

Empregador ________ Denominação do Estabelecimento ________

Rua ________ Nº ________ Atividade ________

Nº de ordem	NOME DO EMPREGADO	Função	Seção	CART. PROFISSIONAL Número	CART. PROFISSIONAL Série	Entrada Às	Entrada hs	Intervalo Des	Intervalo às	Intervalo hs	Saída Às	Saída hs	Desc. Sem.	Visto do Fiscal

O horário aos sábados é das ________ às ________ com intervalo de ________ minutos.

OBSERVAÇÕES:

________, ________ de ________ de 19________

____
Assinatura do Empregador ou de seu representante legal

NOTA: STE QUADRO ACOMPANHA REGULAMENTO.

Férias

As férias constituem-se num direito social do empregado e têm suas características principalmente quanto à duração do contrato de trabalho

Período aquisitivo

É o período decorrido de um ano. Explicando, é o período que se inicia com a admissão do empregado e termina quando completa um ano de trabalho na empresa. Nessa ocasião obtém um período completo de férias que está sujeito às faltas injustificadas no período aquisitivo. Veja a tabela em seguida.

Período concessivo

O empregador tem o prazo de até 12 meses para conceder férias ao empregado após vencimento do período aquisitivo. O empregado pode programar e solicitar suas férias, que neste caso fica a critério do empregador conceder ou não. Os dias do período concessivo são corridos, contando domingos, feriados.

Proporcionais

São as férias parceladas, também vigentes a contar de sua admissão, contadas a razão de 1/12 por mês trabalhado. Por exemplo: empregado admitido em 1/02/XX, no dia 1/03/XX, ele terá 1/12, no dia 1/04/XX ele terá 2/12 e assim sucessivamente.

Tabela de férias

Faltas Injustificadas	Dias de Férias	Abono Pecuniário	Dias de Férias
Até 5	30 dias	10 dias	20 dias
De 6 a 14 dias	24 dias	8 dias	16 dias
De 15 a 23 dias	18 dias	6 dias	12 dias
De 24 a 32 dias	12 dias	4 dias	8 dias
A partir de 33 dias	Não tem direito		

Abono pecuniário

Segundo o Art. 143 da CLT, é facultado ao empregado converter 1/3(um terço) do período de férias a que tiver direito em abono pecuniário, no valor da remuneração que lhe seria devida nos dias correspondentes.

O abono de férias deve ser requerido até 15 (quinze) dias antes do término do período aquisitivo de preferência por escrito ao empregador.

Tratando-se de férias coletivas, a conversão de 1/3 deve ser objeto de acordo coletivo de trabalho entre o empregador e o sindicato representativo da respectiva categoria profissional.

Adicional

Segundo dispositivo constitucional, todo empregado que sair de férias terá direito a receber 1/3 do valor das férias.

13º Salário

É facultado ao empregado solicitar metade de seu 13º salário por ocasião da concessão de suas férias, desde que se manifeste por escrito no mês de janeiro de cada ano.

Comunicado de férias

Segundo o Art.135 da CLT, a concessão de férias será participada por escrito ao empregado, com antecedência de, no mínimo, 30 dias. Dessa participação o interessado dará recibo.

Pagamento das férias

O Art. 145 da CLT diz: "O pagamento da remuneração das férias, do abono pecuniário e demais benefícios deverão ser efetuados até 2(dois) dias antes do início do respectivo período de gozo".

Descontos e contribuições

Itens	INSS	IRRF (x)	FGTS
Valor férias	Sim	Sim	Sim
1/3 Férias	Sim	Sim	Sim
Abono pecuniário	Não	Sim	Não
13º Salário	Não	Não	Sim

Tempo parcial

Na modalidade do regime de tempo parcial de trabalho, após o período de 12(doze) meses de vigência do contrato de trabalho, o empregado terá direito a férias na seguinte proporção:

- 18 dias para a duração de trabalho entre 22:00 até 25:00 horas semanais;

- 16 dias para a duração de trabalho entre 20:00 até 22:00 horas semanais;
- 14 dias para a duração de trabalho entre 15:00 até 20:00 horas semanais;
- 12 dias para a duração de trabalho entre 10:00 até 15:00 horas semanais;
- 10 dias para a duração de trabalho entre 05:00 até 10:00 horas semanais;
- 08 dias para a duração de trabalho entre igual ou inferior a 05 horas semanais.

O empregado contratado sob o regime de tempo parcial que tiver mais de 7 (sete) faltas injustificadas ao longo do período aquisitivo terá seu período de férias reduzido pela metade.

Perda do direito

O empregado perderá o direito às férias durante o período aquisitivo nas seguintes ocasiões:

- Deixar o emprego e não for readmitido dentro de 60 (sessenta) dias subseqüentes à sua saída.
- Permanecer em gozo de licença, com percepção de salários, por mais de 30(trinta) dias.
- Deixar de trabalhar, com percepção do salário, por mais de 30 dias, em virtude de paralisação parcial ou total dos serviços da empresa.
- Tiver percebido da Previdência Social prestações de acidente de trabalho ou auxílio-doença por mais de 6 meses, embora descontínuos.

A interrupção da prestação de serviços deve ser anotada na Carteira de Trabalho e Previdência Social.

Férias coletivas

Poderão ser concedidas férias coletivas a todos os empregados de uma empresa ou de determinados estabelecimentos ou setores da empresa.

As férias poderão ser gozadas em 2 (dois) períodos anuais desde que nenhum deles seja inferior a 10 dias corridos.

O empregador deve comunicar ao órgão do Ministério do Trabalho e Emprego com 15 dias de antecedência as datas de início e término das férias, informando os estabelecimentos abrangidos pela medida.

Os empregados contratados há menos de 12 (doze) meses gozarão, na oportunidade, férias proporcionais, iniciando-se então novo período aquisitivo.

Se o empregado fizer horas extras de modo contínuo e habitual, receber comissões ou qualquer outro benefício, eles integrarão seu salário para cálculo das férias. É sempre recomendável consultar a Convenção Coletiva de Trabalho ou Acordo existente.

Considerações finais

Se o empregador deixar vencer dois períodos de férias, terá que pagar o primeiro em dinheiro e o empregado terá o período vencido a gozar nos próximos 12 meses, segundo a legislação.

Aos menores de 18 anos e aos maiores de 50 anos de idade as férias serão sempre concedidas de uma só vez.

Somente em casos excepcionais serão as férias concedidas em 2(dois) períodos, um dos quais não poderá ser inferior a 10(dez) dias corridos.

O empregado não poderá entrar em gozo de férias sem que apresente ao empregador a carteira de trabalho e previdência social, para que nela seja anotada a respectiva concessão.

A época da concessão de férias será de acordo com os interesses do empregador.

Os membros de uma mesma família, que trabalhem no mesmo estabelecimento ou empresa, terão direito a gozar férias no mesmo período, se assim o desejarem e se disto não resultar prejuízo para o serviço.

O empregado estudante, menor de 18 anos, terá direito a fazer coincidir suas férias com as férias escolares.

Durante as férias, o empregado não poderá prestar serviços a outro empregador, salvo se estiver obrigado a fazê-lo em virtude de contrato de trabalho regularmente mantido com aquele.

Aviso de Férias

_______________, _____de _________________de ________

Sr(a).____

(Nome do Empregado)

CTPS nº / série _____________ Depto./Seção_____________

Período aquisitivo	Período de Gozo	Retorno ao trabalho
___/___/___ a ___/___/___	___/___/___ a ___/___/___	___/___/___ a ___/___/___

A remuneração correspondente às férias e, se for o caso, ao abono pecuniário e ao adiantamento da Gratificação de Natal, encontra-se no caixa e poderá ser recebida em ____/____/____.

Favor apresentar a sua Carteira de Trabalho e Previdência Social ao Departamento de Pessoal para as anotações necessárias.

_____________________________ _____________________________

Empregado Empregador

Nota: O Aviso de Férias será participado por escrito, pela empresa, com antecedência mínima de 30 dias.

Solicitação de Abono de Férias

______________, _____de_________________de 20_____

Nome do Empregador:

Nos termos do parágrafo 1º do Artigo 143 da CLT, com redação dada pelo Decreto Lei nº 1535 de 13.04.77, venho requerer de V. Sas. A conversão de 1/3 (um terço) das minhas férias, referente ao período aquisitivo de 05/09/2000 a 04/09/2001, em abono pecuniário. À época do gozo das férias, poderei rever esta opção.

SIM ( ) NÃO ( )

Ainda, nos termos do parágrafo 2º do Artigo 2, do Decreto Lei nº 4749, venho requerer de V. Sas. o pagamento da primeira parcela do 13º salário juntamente com as férias.

SIM ( ) NÃO ( )

Funcionário:

CTPS (Nº/Série):

____

Assinatura do Funcionário

____

Assinatura do Empregador

Observação: O abono férias deverá ser requerido até 15 dias antes do término do período aquisitivo, Art. 143 parágrafo 1ª da CLT.

AVISO E RECIBO DE FÉRIAS

Nome do Empregado

Cart. Trabalho / Série

Período de Aquisição

Período de Gozo das Férias

Falta não justificada

Salário Base

Férias Normais .... R$..........................

1/3 Férias Normais .... R$..........................

Abono Pecuniário .... R$..........................

1/3 Abono Pecuniário .... R$..........................

Total de Proventos .... R$..........................

Deduções

INSS .... R$..........................

Imposto de Renda na Fonte .... R$..........................

Total de Descontos .... R$..........................

Líquido a Receber .... R$..........................

Pelo presente comunicamo-lhes que, de acordo com a lei, ser-lhe-ão concedidas férias relativas ao período acima descrito e a sua disposição fica a importância líquida de

R$ ___________(____

____)

a ser paga adiantadamente.

____

Local e data

Ciente

_______________________ _______________________

Assinatura do empregado Assinatura do empregador

RECIBO DE FÉRIAS

Recibo da firma ____

estabelecida à ____

em ___________ a importância da R$_______________________________

(____)

que me é paga adiantadamente por motivo das minhas férias regulamentares, ora concedidas e que vou gozar de acordo com a descrição acima, tudo conforme o aviso que recebi em tempo, ao qual dei o meu "ciente". Para clareza e documento, firmo o presente recibo, dando a firma plena e geral quitação.

_______________________ _______________________

Local e data Assinatura do empregado

13º Salário

A Constituição Federal em seu Capítulo II que cuida dos Direitos Sociais diz em seu artigo 72, inciso VIII, que os trabalhadores urbanos e rurais, inclusive os domésticos, fazem jus ao 13º salário com base na remuneração integral ou no valor da aposentadoria.

O 13º salário, ou Gratificação de Natal, foi instituída pela Lei nº 4.090/62, é devida a todo empregado e aos trabalhadores avulsos e corresponde a 1/12 (um doze avos) da remuneração de dezembro por mês de serviço, entendido como tal a fração igual ou superior a 15 dias.

Isso quer dizer que se a remuneração do empregado no mês de dezembro for, por exemplo, R$ 1.200,00 e o empregado foi admitido no dia 17 de julho do mesmo ano, terá direito a 6/12 desse valor, ou seja:

$$\frac{\text{R\$ 1.200,00}}{12} = \text{R\$ } 100 \times 6 = \text{R\$}600{,}00$$

O 13º salário é pago em duas parcelas, sendo a primeira entre os meses de fevereiro a novembro e a segunda até 20 de dezembro.

Solicitação da 1ª Parcela do 13º Salário

_______________, ____ de _______________ de ______

A(o)

____

Nome do Empregador

Prezados Senhores,

Nos termos da legislação vigente, solicito o pagamento da 1ª parcela do 13º salário por ocasião do gozo de minhas férias.

Solicito apor o seu ciente na cópia desta.

Nome do empregado

CTPS nº / Série   Depto./Seção

Atenciosamente   Ciente em ____/____/____

_______________________   _______________________

Empregado   Empregador

Nota: O adiantamento será pago ao ensejo das férias do empregado, sempre que este o requerer no mês de janeiro do correspondente ano.

RECIBO DE PAGAMENTO - 13º SALÁRIO - LEI 4.090

(GRATIFICAÇÃO SALARIAL)

Nome do(a) empregado(a) ....

Salário Mensal R$ .... Número de Meses........................./avos-Ano..

Sr.(a)

Dando cumprimento à Lei Nº 4.090, de 13 - 7 - 1962 publicada em 26 - 7 - 1962, que estabeleceu a obrigatoriedade de pagamento do 13º salário, a título de gratificação salarial, regulada por Decretos e Leis Complementares, estou(amos) pagando a importância ao lado discriminada.

Cálculo total da gratificação............. R$ ....

Antecipação 50%......................... R$ ....

Pagamento por saldo.................... R$ ....

Importância paga R$ ....

DESCONTOS

I.N.S.S. .... R$ ....

.... R$ ....

.... R$ .... R$ ....

Valor líquido pago R$ ....

(..

POR EXTENSO

....)

Polegar Direito Quando Analfabeto

Assino o presente recibo, referente ao pagamento ☐ parcial ☐ final ☐ total, de minha gratificação salarial da firma..,

com sede à ....,

ao qual dou plena e irrevogável quitação.

...., ...de..de ....

....

ASSINATURA DO(A) EMPREGADO(A)

F.G.T.S. - Fundo de Garantia do Tempo de Serviço

Instituído pela Lei nº 5.107, de 13/09/66 e regulamentada pelo Decreto nº 59.820, de 20/12/66, é formado por depósitos mensais, efetuados pelas empresas em nome de seus empregados, no valor equivalente ao percentual de 8% das remunerações que lhes são pagas ou devidas.

Atualmente, após ter sofrido várias alterações, a Lei que dispõe sobre o FGTS é a de nº 8.036, de 11/05/90.

O fundo constitui-se em um pecúlio disponibilizado quando da aposentadoria ou morte do trabalhador, e representa uma garantia para a indenização do tempo de serviço, nos casos de demissão imotivada.

A diferença básica em relação ao modelo anterior é que esses depósitos integram um fundo unificado de reservas, com contas individualizadas em nome dos trabalhadores.

Além de ampliar o direito indenizatório do trabalhador, que pode, ao final do tempo útil de atividade, contar com o valor acumulado dos depósitos efetuados em seu nome, o sistema também o favorece de forma indireta, ao proporcionar as condições necessárias à formação de um Fundo de Aplicações, voltado para o financiamento de habitações, assim como para investimentos em saneamento básico e infra-estrutura urbana.

PIS/PASEP

Instituído em 1970, pelas Leis Complementares nº 7 e 8, de forma similar para Empregados Privados e Servidores Públicos, objetivando promover a integração na vida e no desenvolvimento das Empresas/Entidades Públicas, mediante contribuições dos empregadores a serem distribuídas em contas individuais em nome de cada empregado/servidor. Posteriormente foram unificados sob a denominação de PIS/PASEP, os fundos constituídos com recursos do Programa de Integração Social PIS e do Programa de Formação do Patrimônio do Servidor Público PASEP, pela Lei complementar nº 26, de 11/09/75.

Instituiu-se então a RAIS - Relação Anual de Informações Sociais pelo Decreto nº 76.900 de 1975, a ser preenchida pelas empresas, contendo informações destinadas a suprir as necessidades de controle, estatísticas e informações às entidades governamentais da área social, especialmente no tocante ao cumprimento da legislação relativa ao PIS/PASEP, dentre outras.

Em 05 de outubro de 1988, com a promulgação da Constituição da Republica, foi alterada parcialmente a destinação das contribuições para os programas PIS/PASEP, conforme reza o artigo 239, passando a financiar o seguro-desemprego, o abono salarial e programas de desenvolvimento econômico, bem como preservou os patrimônios acumulados.

Complementarmente, procedeu-se à regulamentação do dispositivo constitucional mediante Leis nº 7.859, de 1989, e 7.998, de 1990, que especificamente dispuseram o quanto segue:

"É assegurado o recebimento de Abono Salarial no valor de um salário mínimo vigente na data do respectivo pagamento, aos empregados que:

I. Tenham percebido de empregadores que contribuírem para o Programa de Integração Social - PIS ou Programa de Formação do Patrimônio do Servidor Público PASEP, até 2 (dois) salários mínimos médios de remuneração mensal no período trabalhado e que tenham exercido atividade remunerada pelo menos durante 30 (trinta) dias no ano-base.

II. Estejam cadastrados há pelo menos 5 (cinco) anos no Fundo de Participação PIS/PASEP ou no Cadastro Nacional do Trabalhador.

Parágrafo Único: No caso de beneficiários integrantes do Fundo de Participação PIS/PASEP, serão computados ao valor do Abono Salarial os rendimentos proporcionados pelas respectivas contas "individuais".

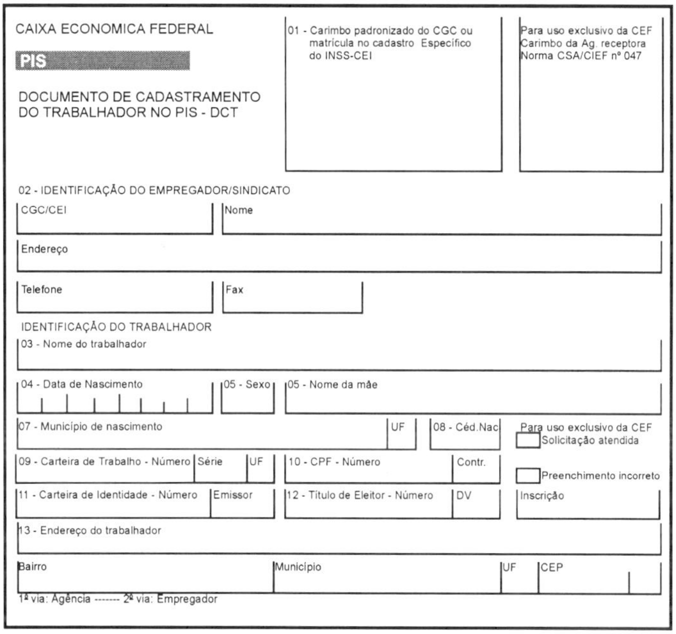

CAIXA ECONOMICA FEDERAL
PIS
DOCUMENTO DE CADASTRAMENTO DO TRABALHADOR NO PIS - DCT
01 - Carimbo padronizado do CGC ou matrícula no cadastro Especifico do INSS-CEI
Para uso exclusivo da CEF Carimbo da Ag. receptora Norma CSA/CIEF nº 047
02 - IDENTIFICAÇÃO DO EMPREGADOR/SINDICATO
CGC/CEI | Nome
Endereço
Telefone | Fax
IDENTIFICAÇÃO DO TRABALHADOR
03 - Nome do trabalhador
04 - Data de Nascimento | 05 - Sexo | 05 - Nome da mãe
07 - Município de nascimento | UF | 08 - Céd.Nac
Para uso exclusivo da CEF
Solicitação atendida
Preenchimento incorreto
09 - Carteira de Trabalho - Número | Série | UF | 10 - CPF - Número | Contr.
11 - Carteira de Identidade - Número | Emissor | 12 - Título de Eleitor - Número | DV | Inscrição
13 - Endereço do trabalhador
Bairro | Município | UF | CEP
1ª via: Agência ------- 2ª via: Empregador

Folha de pagamento

Remuneração - principais parcelas

Conforme artigos 457 a 467 da Consolidação das Leis do Trabalho - CLT, remuneração é toda importância paga pelo empregador ao seu empregado como contraprestação do trabalho.

As principais parcelas que compõem a remuneração são:

- Salário;
- Adicionais;
- Abonos;
- Gratificações;
- Prêmios ou comissões.

Salário: dos elementos que compõem a remuneração, o salário é a importância fixa efetivamente paga ao empregado.

O salário pode ser fixado por mês, dia, hora ou tarefa, caracterizando assim a condição de empregado mensalista, diarista, horista ou tarefeiro.

Adicionais: são parcelas que integram o salário como decorrência do trabalho exercido em determinadas condições. Como parcela da remuneração, os adicionais a integram para todos os efeitos, quais sejam, férias e 13º salário, sofrendo as incidências tributárias, previdenciárias e de FGTS.

Vejamos alguns exemplos de adicionais.

Adicional de horas extras

É devido quando o empregado ultrapassa a carga horária de trabalho diária ou semanal.

Segundo a CLT, a hora extra equivale ao valor da hora normal acrescida de 50%, no mínimo, quando realizada em dias normais, e 100% nos domingos e feriados. Por força de acordo coletivo, esses percentuais podem ser elevados.

De acordo com enunciado do Tribunal superior do Trabalho - TST, as horas extras habituais integram a remuneração do repouso semanal remunerado (DSR), ou seja, toda vez que o empregado receber horas extras, receberá o valor da média dessas horas sobre o repouso semanal remunerado, além de outros reflexos legais.

Adicional noturno

O horário noturno apresenta três aspectos:

- Trabalho executado entre 22 horas e 5 horas;
- A hora noturna equivale a 52 minutos e 30 segundos, o que significa que a jornada noturna completa-se após 7 horas de trabalho, ou seja, 7 horas noturnas equivalem a 8 horas diurnas;
- A hora noturna é acrescida do adicional de, no mínimo, 20% ou conforme acordo coletivo ou sentença normativa proferida em dissídio.

Para o trabalhador rural, o adicional noturno é de 25% sobre o salário nominal, porém a hora é contada como de 60 minutos. É considerado trabalho noturno o trabalho executado nos seguintes períodos:

- Atividade agrícola - entre 21 horas e 5 horas
- Atividade pecuária - entre 20 horas e 4 horas

Adicional de insalubridade

É pago aos empregados que exercem trabalho em condições que podem causar danos à saúde, cujas atividades são descritas pela Lei e aprovadas por intermédio de Portaria Ministerial.

Pode ser de três graus:

- Grau mínimo = 10% do salário mínimo;
- Grau médio = 20% do salário mínimo;
- Grau máximo = 40% do salário mínimo.

A base de cálculo sobre a qual incidem esses adicionais pode ser alterada em decorrência de acordo coletivo de trabalho.

Adicional de periculosidade

É devido a empregados que trabalham em condições perigosas ou em contato com produtos inflamáveis ou explosivos.

Esse adicional corresponde a 30% do salário nominal do empregado, não incidindo sobre gratificações, prêmios ou comissões, podendo ser também ampliado em virtude de acordo coletivo ou sentença normativa.

O pagamento do adicional de periculosidade não exime a empresa da entrega de Equipamento de Proteção Individual (EPI) e do treinamento para o seu uso.

Abonos

São importâncias pagas pelos empregadores a seus empregados para suprir determinadas necessidades do serviço e podem integrar o salário quando pagas com habitualidade.

Gratificações

São pagamentos efetuados pelo empregador, em decorrência de determinados trabalhos executados por seu empregado, e que também integram o salário. Podem ocorrer gratificações esporádicas, de correntes de determinadas circunstâncias especiais, que, por sua natureza de liberalidade e seu caráter de eventualidade, não integram a remuneração.

Prêmios ou comissões

São vantagens salariais pagas a empregados, em decorrência de sua colaboração ou de sua participação na consecução dos objetivos ou lucros da empresa.

Essa remuneração é geralmente fixada em percentuais e também integra o salário.

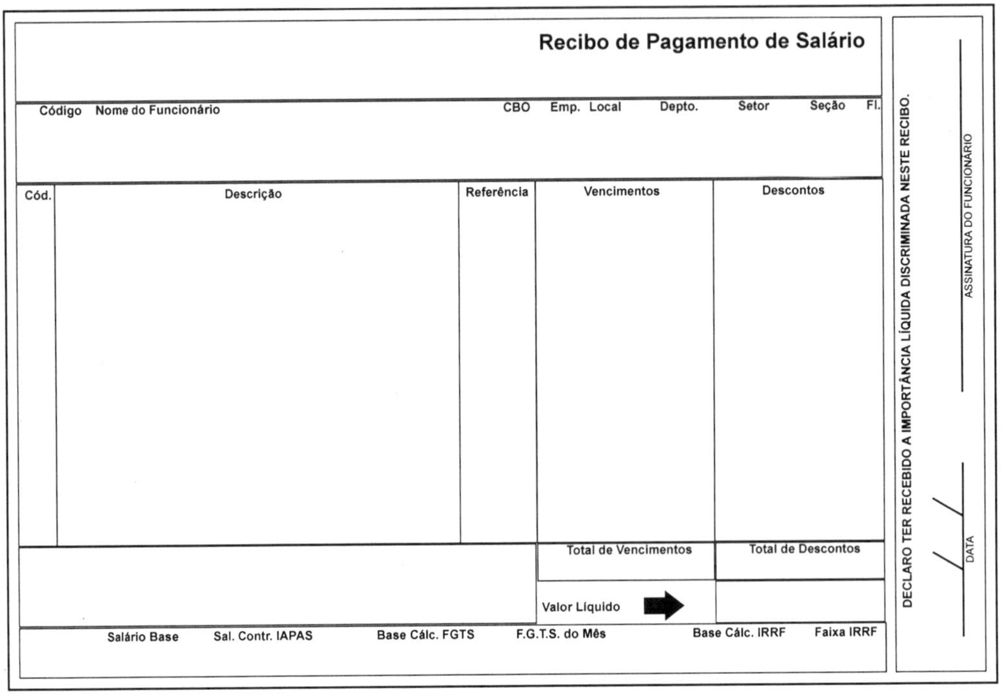

Descontos obrigatórios e facultativos

Todo empregado regularmente registrado de acordo com a lei deve receber seus vencimentos e deles serem descontados os valores correspondentes aos encargos sociais e previdenciários de sua responsabilidade.

Esses descontos têm dois aspectos: os obrigatórios e os facultativos:

- **Descontos obrigatórios**: são aqueles baseados na lei que rege a relação trabalhista e independem da autorização do empregado, como o INSS, o IRF e a Contribuição Sindical.
- **Descontos facultativos**: aqueles que o empregado autoriza, como, por exemplo, os convênios com a farmácia, supermercado, assistência médica, o desconto da mensalidade do sindicato, dentre outros.

Tabelas

Para calcular a folha de pagamentos, rescisões contratuais ou mesmo pagamentos esporádicos por prestação de serviços, temos que nos utilizar de tabelas de descontos, como apresentado em seguida:

Tabela da Receita Federal - IRRF (valores vigentes a partir de 01/01/2008).

Base de cálculo	Alíquota %	Parcela a deduzir
Até R$ 1.372,81	isento	-0-
De R$ 1.372,82 a R$ 2.743,25	15,00	R$ 205,92
Acima de R$ 2.743,25	27,50	R$ 548,82

Para o cálculo do IRRF sobre o rendimento do trabalho assalariado é permitido deduzir da renda bruta do contribuinte:

- R$ 137,99 por cada dependente;
- Salário Mínimo R$ 415,00 a partir de 01/04/2008;
- Valor integral referente à pensão alimentícia;
- Valor integral da contribuição paga, no mês, ao INSS.

Contribuição para a Previdência Social Trabalhador Assalariado (valores vigentes a partir de 01/04/2008)

Salário de Contribuição	Alíquota %
até R$ 868,29	8,00
de R$ 868,30 a R$ 1.447,14	9,00
de R$ 1.447,15 a R$ 2.894,28	11,00

Salário-Família

O valor da quota do salário-família por filho ou equiparado de qualquer condição, até 14 anos de idade ou inválido de qualquer idade, é de:

(valores vigentes a partir de 01/04/2006)

Remuneração R$	Valor da quota R$
Não superior a R$ 449,93	23,08
Superior a R$ 449,93 e igual ou inferior a R$ 676,27	16,26

Rescisão contratual

Quando um empregado é admitido, desenvolve-se o processo de admissão, ou seja, o empregado entra para trabalhar na organização e é submetido a um processo admissional. Quando ele se desliga da empresa, temos um processo chamado demissional e a conclusão desse processo é a rescisão contratual, isto é, a formalização definitiva de seu desligamento com o acerto de todos os direitos e obrigações de ambas as partes.

Modalidades de desligamento

A rescisão do contrato de trabalho pode ocorrer de duas formas ou modalidades:

Por iniciativa do empregador: neste caso há duas formas de verificar a demissão do empregado: sem justa causa e por justa causa.

- **Sem justa causa**: são as demissões imotivadas e podem se dar nos seguintes casos:
  - Término do contrato de experiência;
  - Antes de completar o contrato de experiência;
  - Após a experiência, menos de um ano;
  - Após um ano de trabalho.
- **Por justa causa**: são as demissões motivadas por faltas graves cometidas durante a vigência do contrato de trabalho.

Por iniciativa do empregado: quando ele pede demissão.

Tabela de incidência dos descontos sobre a rescisão do Contrato de Trabalho

Itens	**IRRF**	**FGTS**	**INSS**
Saldo de salários	Sim	Sim	Sim
Férias proporcionais	Sim	Não	Não
1/3 Férias	Sim	Não	Não
Férias vencidas indenizadas	Sim	Não	Não
1/3 Férias indenizadas	Sim	Não	Não
13º Salário	Sim	Sim	Sim
13º Salário/Aviso Prévio Indenizado	Sim	Sim	Não
Aviso Prévio Trabalhado	Sim	Sim	Não
Aviso Prévio Indenizado	Não	Sim	Não
Art. 479 CLT - Multa Rescisão Antecipada	Não	Não	Não
Férias em dobro	Sim	Não	Não

Observações

Os recolhimentos referentes ao Imposto de Renda Retido na Fonte (IRRF) e ao INSS devem ser calculados separadamente, ou seja:

- IRRF s/ saldo de salário
- IRRF s/ 13º salário
- IRRF s/ as Férias (Integral - Indenizadas)+ Proporcionais + 1/3

Aviso prévio

Como já vimos, o contrato de trabalho pode ser rompido por qualquer uma das partes que o firmaram, sendo ele bilateral. O aviso prévio é necessário tanto para o empregado demitido que precisará arrumar outro emprego, como para o empregador que precisa arrumar outro empregado.

A Constituição Federal estabelece esse prazo em 30 (trinta) dias no mínimo, proporcional ao tempo de serviço, que pode ser trabalhado ou indenizado.

AVISO PRÉVIO DO EMPREGADOR PARA DISPENSA DO EMPREGADO

Sr(a) ____

Pelo presente o(a) notificamos que a _____ dias da data da entrega deste, não mais serão utilizados os seus serviços pela nossa firma, e por isso vimos avisá-lo (a) nos termos e para os efeitos do disposto no Art. 487, item II - cap. VI - Título IV, do Decreto Lei nº 5.452, de 1º de maio de 1943 (CONSOLIDAÇÃO DAS LEIS DO TRABALHO).

Pedimos a devolução da presente com seu "CIENTE" e "OPÇÃO" abaixo.

Atenciosamente

____

CIENTE E OPÇÃO (Lei nº 7093/83)

Declaro-me ciente, exercendo a opção por ( ) = redução de 2 (duas) horas diárias.
( ) = falta de ____ (________) dias corridos.

___/___/___ ______________________________ ______________________________
RESPONSÁVEL QUANDO MENOR ASSINATURA DO EMPREGADO

AVISO PRÉVIO DO EMPREGADO PARA RETIRAR-SE DO SERVIÇO

______________________________, ______ de ______________ de 200___

Sr(a) ____

Rua ______________________________________ nº________

De acordo com o disposto artigo 487º do Decreto-Lei nº 5.452 de 1º de Maio de 1943 (CONSOLIDAÇÃO DAS LEIS DE TRABALHO), venho comunicar Vv. Ss., que a partir de ____________ dias da data da entrega deste aviso, deixarei os serviços desta firma, por minha livre e espontânea vontade e solicito o favor de mandarem confirmar o seu recebimento para meu governo.

Atenciosamente

____

______________________________ ______________________________

RESPONSÁVEL QUANDO MENOR ASSINATURA DO EMPREGADO

Verbas rescisórias

Este é o último passo para o desligamento definitivo do empregado da empresa. Essas verbas correspondem ao "encerramento das contas" entre o empregado e a empresa e são calculadas caso a caso, ou seja, dependendo do tempo do empregado na empresa, da situação de seu desligamento, podendo ser proporcionais também.

Comumente essas verbas são: aviso prévio, férias, 13º salário, multa contratual do FGTS quando for o caso.

A esse encerramento de contas chamamos de **homologação** e tem prazo para que isso aconteça, dependendo da forma da demissão, ou seja, se o empregado cumpriu o aviso prévio, a homologação acontece no primeiro dia útil após seu vencimento e caso o aviso prévio tenha sido indenizado, deve ocorrer no décimo dia contando da notificação desse aviso.

Termo de Rescisão do Contrato de Trabalho

IDENTIFICAÇÃO DO EMPREGADOR

01 CNPJ /CEI	02 Razão social / Nome
03 Endereço (logradouro, Nº, andar, apartamento)	04 Bairro

05 Município	06 UF	07 CEP	08 CNAE	09 CNPJ/CEI Tomador/Obra

IDENTIFICAÇÃO DO TRABALHADOR

10 PIS / PASEP	11 Nome
12 Endereço (logradouro, Nº, andar, apartamento)	13 Bairro

14 Município	15 UF	16 CEP	17 CTPS / Série

18 CPF	19 Data de nascimento	20 Nome da mãe

DADOS DO CONTRATO

21 Remuneração para fins rescisórios	22 Data de Admissão	23 Data do Aviso Prévio	24 Data do Afastamento
25 Causa do afastamento	26 Cód. Afastamento	27 Pensão alim. (%)	28 Cat. Trabalhista

DISCRIMINAÇÃO DAS VERBAS RESCISÓRIAS

Vencimentos	Valor	Deduções	Valor
29 Aviso Prévio Indenizado		47 Previdência	
30 Saldo salário ___ dias		48 Previdência 13º Salário	
31 13º Salário ___ /12 avos		49 Adiantamentos	
32 13º Sal. Inden. ___ /12 avos		50 IRRF	
33 Férias vencidas		51	
34 Férias proporc. ___ /12 avos		52	
35 1/3 sobre salário s/ férias			
36 Salário família ___ dias			
37 Adcional noturno			
38 Comissões			
39 Gratificações			
40 Horas extras ___ horas			
41 Adic. Insalub./periculosidade			
TOTAL BRUTO		**TOTAL DAS DEDUÇÕES**	
		LÍQUIDO A RECEBER ►►►	

FORMALIZAÇÃO DA RECISÃO

56 Local e data do recebimento	57 Carimbo e assinatura do empregador / preposto	
58 Assinatura do trabalhador	59 Assinatura do responsável do trabalhador	
60 HOMOLOGAÇÃO Foi prestada, gratuitamente, assistência ao trabalhador, nos termos do art. 477, parágrafo 1º, da Consolidação das Leis do Trabalho - CLT, sendo comprovado, neste ato, o efetivo pagamento das verbas rescisórias acima especificadas. ____________________ Local e data ____________________ Carimbo e assinatura do assistente	61 Digital do trabalhador	62 Digital do responsável
63 Identificação do órgão homologador	64 Recepção pelo banco (data e carimbo)	

A ASSISTÊNCIA NO ATO DE RECISÃO CONTRATUAL É GRATUITA

Veja a seguir um resumo gráfico do que entendemos por relação trabalhista, onde o empregado ainda fora da empresa participa do processo de recrutamento e seleção, depois que entra na empresa vive a relação trabalhista propriamente dita e ao se demitir, já fora da empresa, volta ao mercado de trabalho.

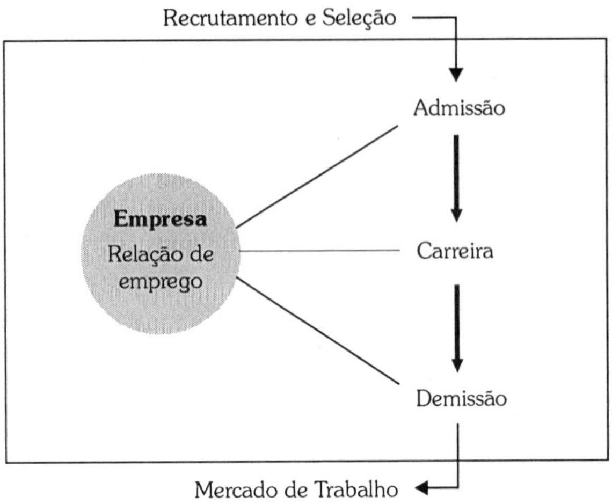

Higiene e segurança no trabalho

"O direito de viver e trabalhar em um meio ambiente sadio deve ser considerado como um dos direitos fundamentais do homem" (carta de Brasília, 25/08/71, VII Reunião do Conselho da União Internacional dos Magistrados).

Não se sabe ao certo quando o homem começou a se preocupar com os acidentes e doenças relacionadas com o trabalho. Já no século IV a. C., faziam-se referências à existência de moléstias entre mineiros e metalúrgicos.

Mas foi com a Revolução Industrial ocorrida na Inglaterra, no final do século XVIII, e com o aparecimento das máquinas de tecelagem, movidas a vapor, que a ocorrência de acidentes aumentou.

Prevenção de acidentes

A prevenção de acidentes está ligada ao conceito prevencionista. O acidente do trabalho no aspecto legal só se caracteriza quando dele decorre uma lesão física, perturbação funcional ou doença, levando à morte, perda total ou parcial, permanente ou temporária da capacidade para o trabalho.

Os prevencionistas não devem se ater somente ao conceito legal, mas procurar conhecer o acidente do trabalho em toda a sua extensão e principalmente em suas possibilidades de prevenção.

O conceito prevencionista caracteriza o acidente como "toda ocorrência não programada, estranha ao andamento normal do trabalho, da qual possa resultar danos físicos e/ou funcionais, ou morte do trabalhador e/ou danos materiais e econômicos à empresa". Desta forma, o acidente não fica condicionado à lesão física.

Sob o aspecto prevencionista, todo acidente deve ser considerado importante, pois não é possível prever se ele provocará ou não lesões ao trabalhador.

Um exemplo seria o caso de uma ferramenta que cai do alto de um andaime. Fica caracterizado o acidente sob o enfoque prevencionista, mesmo que ela não atinja ninguém.

Classificação dos acidentes

Acidente é todo acontecimento inesperado e indesejado.

Acidente do trabalho, segundo o artigo 131 do Decreto-Lei nº 2171 de 05/03/97, "é o que ocorre pelo exercício do trabalho a serviço da empresa provocando lesão corporal ou perturbação funcional que cause a morte ou perda ou redução, permanente ou temporária, da capacidade para o trabalho.

- **Lesão corporal**: é todo e qualquer dano anatômico provocado, como, por exemplo: uma fratura, um machucado ou mesmo a perda de um membro.
- **Perturbação funcional**: é o prejuízo do funcionamento de qualquer órgão ou sentido, como, por exemplo, afetar o funcionamento do pulmão ou mesmo a perturbação mental resultante de uma pancada na cabeça.

A legislação enquadra como acidentes do trabalho aqueles que ocorrem nas seguintes situações:

- **Acidente de trajeto**: é aquele que ocorre no percurso da residência para o local de trabalho, ou o ocorrido nesse mesmo trajeto quando o trabalhador faz suas refeições em casa. Isso porque ele fica protegido pela legislação vigente quando sai de casa para trabalhar.

Se o trabalhador, por interesse ou vontade própria, interromper ou alterar o trajeto normal, deixa de caracterizar-se acidente do trabalho.

- **Ato do terceiro**: é um ato praticado por outra pessoa que causa acidente num trabalhador. Esse ato pode ser culposo ou doloso.
  - **Culposo**: é um ato de imprudência, negligência ou imperícia praticado por uma pessoa sem a intenção de que o fato acontecesse que resultou um dano a outrem.
  - **Doloso**: é um ato consciente em que a pessoa que o pratica age de má fé e com vontade dirigida para obtenção de resultado criminoso.
- **Força maior**: são os acidentes causados em virtude de inundação, incêndios ou outro motivo de força maior, desde que, logicamente, ocorridos em local e horário de trabalho.
- **Fora do local de trabalho**: acidente que ocorre durante o cumprimento de ordem ou na realização de serviços sob autoridade da empresa, como, por exemplo, um acidente ocorrido durante uma viagem a serviço da empresa.

Causas dos acidentes

Toda a ação prevencionista deve obrigatoriamente ser tomada no sentido de evitar, eliminar, controlar ou impedir a evolução e consolidação dos riscos no ambiente de trabalho.

Assim sendo, deve-se agir antes que os acidentes aconteçam, o que proporcionará ao trabalhador condições eficazes de sobrevivência no exercício do trabalho.

No entanto, mesmo com uma eficiente observação da ação prevencionista no sentido de eliminar ou minimizar as causas dos acidentes, eles podem acontecer e caberá a CIPA, que veremos adiante, estudar as suas circunstâncias e conseqüências.

Basicamente, existem duas causas de acidentes difundidas pelos "especialistas" e "cipeiros" que são:

Ato inseguro

É todo ato do trabalhador que contraria normas e procedimentos que visam a prevenção de acidentes e doenças ocupacionais. A lei define a responsabilidade com relação ao ato inseguro, atribuindo ao empregador a sua prevenção no desempenho do trabalho.

Condição insegura

São condições presentes no ambiente de trabalho e geradas pelo comportamento do homem.

CIPA

O que significa CIPA? Comissão Interna de Prevenção de Acidentes.

- **Comissão**: é um grupo de pessoas com o mesmo objetivo;
- **Interna**: funciona internamente, ou seja, dentro da empresa;
- **Prevenção**: chegar antes do fato, ou antes que ocorram acidentes;
- **Acidente**: acontecimento inesperado e indesejado.

Tendo como base legal a NR 5, a CIPA tem características paritárias, ou seja, tem empregados indicados pela empresa na mesma proporção dos eleitos pelos empregados, cabendo à empresa a indicação do seu presidente, sendo que o vice-presidente é escolhido pelos membros dentre os eleitos.

A CIPA tem como objetivos:

1. Observar e relatar condições de risco no ambiente de trabalho.
2. Propor medidas para eliminar, neutralizar, amenizar ou sinalizar os riscos existentes.
3. Analisar os acidentes ocorridos e propor medidas para sua eliminação.
4. Orientar os trabalhadores quanto à prevenção de acidentes.

A CIPA terá a duração de um ano, permitida uma reeleição e seus membros terão estabilidade na empresa desde o registro de sua candidatura até um ano após o término de seu mandato.

A CIPA, após a posse que se dá no primeiro dia útil após o término do mandato anterior, terá reuniões mensais e programadas.

Prevenção de incêndios

Um planejamento cuidadoso e eficiente deve existir na empresa tanto para prevenir quanto para combater incêndios quando eles acontecerem.

A empresa deve observar e manter um conjunto de extintores adequados ao combate, um reservatório de água bem dimensionado e sempre inspecionado, um sistema de alarme eficiente e principalmente um treinamento adequado do pessoal.

O fogo que provoca o incêndio nasce da presença de três elementos:

COMBUSTÍVEL + OXIGÊNIO + TEMPERATURA

Com a eliminação de um dos três elementos conseguiremos conter o fogo.

Toda empresa consciente de suas obrigações, evidentemente dependendo de suas atividades, mantém a formação de brigadistas no seu departamento de segurança.

Ergonomia

A Organização Internacional do Trabalho - OIT define a ergonomia como a "aplicação das ciências biológicas humanas em conjunto com os recursos e técnicas da engenharia para alcançar o ajustamento mútuo, ideal entre o homem e seu trabalho, e cujos resultados se medem em termos de eficiência humana e bem-estar no trabalho".

Os riscos ergonômicos podem gerar distúrbios psicológicos e fisiológicos e provocar sérios danos à saúde do trabalhador porque produzem alterações no organismo e no estado emocional, comprometendo sua produtividade, saúde e segurança. Alguns exemplos dessas alterações são o cansaço físico, as dores musculares, a hipertensão arterial, a alteração do sono, dentre outros.

Existem, no entanto, algumas medidas de controle para evitar que esses riscos comprometam a saúde do trabalhador que são, dentre outros, a melhoria no processo de trabalho, apresentar melhores condições no local de trabalho, a modernização das máquinas e dos equipamentos, etc.

Organização e limpeza do local de trabalho

É imprescindível que a empresa proceda ou ofereça condições mínimas de higiene e limpeza no local de trabalho, propiciando ao trabalhador um ambiente antes de tudo salutar.

O ambiente também deve estar em ordem, isto é, organizado, inclusive para que o processo produtivo, qualquer que seja o ramo de atividade, seja positivo.

Relações humanas no trabalho

Liderança

Em grande parte das relações trabalhistas, existe quem manda e quem deve obedecer, o que invariavelmente gera conflitos nesse relacionamento.

E por que esse conflito? Simples. Tanto o patrão ou chefe não sabe mandar quanto o empregado ou subordinado não sabe ou não quer obedecer, gerando desentendimento incontrolável e sem fim.

O que precisamos entender é que toda relação profissional dura o tempo de uma jornada de trabalho, normalmente de 8 horas diárias, que se estende por mais tempo quando se trata de ambiente desfavorável, levando à improdutividade e uma situação insustentável quando existe esse desentendimento e desencontro entre *mandar* e *obedecer*.

O resultado é invariavelmente o rompimento, com patrão despedindo o empregado insubordinado ou este se demitindo, causando uma situação ruim para ambos os lados.

Olhando essa situação sob o aspecto da **liderança**, concluímos que chefe ou patrão não manda, mas *lidera*. E o que é *liderar* senão otimizar compromissos?

O chefe é um aglutinador de idéias e trabalhos com participação efetiva nas metas a serem atingidas, e na medida do possível, das ações.

O subordinado é mais operacional, pois atende ao telefone, opera máquinas, prepara relatórios, põe a mão na massa literalmente, mas nem por isso deixa de ter idéias. Muito pelo contrário, as melhores idéias e sugestões de melhorias vêm deles.

Na empresa moderna o líder é um gerenciador de conflitos e um conciliador de interesses.

Um líder deve possuir naturalmente características que o destacam dos demais, como, por exemplo, entre inúmeras: determinação, competência, perseverança, sabedoria, entusiasmo.

Motivação

Motivação é uma força que nos estimula à ação. Antigamente, até um passado próximo, acreditava-se que essa força motivacional precisava ser "injetada" nos empregados. Depois de estudos na psicologia aplicada ao trabalho, sugere-se hoje que essa força tem geração própria por meio de fatores distintos.

Se temos a motivação de um lado, temos do outro o seu oposto, ou seja, a desmotivação, que se dão por meio de fatores assim exemplificados com relação ao trabalho:

- **Fatores motivadores**: são vários e sempre no sentido positivo, como salário justo, ambiente de trabalho satisfatório, reconhecimento profissional, espírito de equipe, clima de confiança mútua, dentre outros.
- **Fatores desmotivadores**: normalmente se iniciam de uma visão obstruidora por parte da direção da empresa, como desorganização, discriminação, protecionismo, tratamento injusto, ambiente de trabalho comprometedor, instabilidade profissional e outros.

Trabalho em equipe

Nos dias atuais e com o desenvolvimento e aprimoramento das relações trabalhistas, as empresas não pensam mais em empregados e sim em colaboradores.

Antigamente as empresas buscavam resultados por intermédio das pessoas e atualmente, com a nova visão empresarial, buscam resultados junto com os colaboradores.

Com essa visão, cujo o objetivo é obter melhor produtividade, as empresas esperam desses colaboradores o exercício de suas atividades como parceiros produtivos que façam "jus" à remuneração oferecida.

Assim sendo, seus colaboradores, participando dos desafios oferecidos pelo mercado em que a empresa atua, somam seus esforços em equipes estruturadas.

Em resumo, colaborar traz a idéia de trabalho em equipe e a soma dos conhecimentos individuais aplicados resulta em produtividade.

Exercícios para verificação de aprendizagem

Responda, complete ou descreva:

1. Quais são as formas de recrutamento que você conhece?

2. Quais são os tipos de benefícios que você conhece?

3. Benefícios significam uma forma de remuneração ________________.

4. Qual o prazo máximo de duração do contrato de experiência e quantas vezes ele pode ser renovado?

5. Em que ano foi instituída a Carteira Profissional - CTPS?

6. A empresa tem prazo de ______ horas para registrar o empregado.

7. Na hierarquia trabalhista o acordo coletivo de trabalho pode ser superior à Constituição Federal em uma condição, qual delas?

8. As férias constituem um ___________________ do empregado.

9. O empregado que faltar por sete dias injustificados no ano tem suas férias reduzidas para quantos dias?

10. O que significa CAGED?

11. Um empregado é admitido em 18 de maio de um ano com salário inicial de R$ 1.000,00. Em dezembro do mesmo ano o salário dele é de R$ 1.440,00. Que ele receberá e qual o valor do 13º salário?

12. Que são adicionais pagos na Folha de Pagamento?

13. Sobre que base de cálculo incidem o adicional de insalubridade e o de periculosidade?

14. O que significa a sigla CIPA?

15. Quais os três elementos que provocam o incêndio?

Anotações

Capítulo 4

Administração Financeira

Conceitos e terminologia
Juros simples e compostos
Capitalização
Descontos e taxas
Sistema financeiro nacional
Títulos de crédito
Financiamentos de curto e longo prazo
Cálculos financeiros
Base de cálculos
Fluxo de caixa
Faturamento, nota fiscal e fatura
Tesouraria, recibos e cheques
Conciliação bancária

Conceitos e terminologia

A administração financeira é a parte da organização que cuida das finanças da empresa ou, mais especificamente, da sua saúde financeira. Isso quer dizer que toda e qualquer movimentação ou planejamento que envolva valores é contemplado ou está inserido no conceito de administração financeira. Podemos sucintamente dizer que a administração financeira estuda a circulação do dinheiro.

Várias são as ferramentas utilizadas na condução da vida financeira das empresas, cujos conceitos básicos observamos a seguir:

Capital

É o valor principal de uma operação financeira, sobre o qual incidem outros aplicativos como juros e descontos.

Juros

É o produto obtido por meio da aplicação de uma determinada taxa percentual sobre um capital conhecido. Temos duas formas ou dois pontos de vista a considerar sobre os juros. O primeiro é sob o prisma do investidor para o qual significa a remuneração do capital investido ou aplicado. A segunda forma de considerarmos os juros é sob o ponto de vista do tomador, que representa o custo do dinheiro tomado a empréstimo.

Prazo

É o tempo que o capital fica disponibilizado ou imobilizado em determinada operação financeira.

Taxa de juros

É o percentual aplicado em determinado capital ou valor por um prazo conhecido contado em 100 unidades.

Montante

É o produto final de um capital somado ou adicionado aos juros produzidos ao final de um período ou prazo determinado, ou seja, é o capital mais os juros.

Valor atual

É o valor em determinada data de um montante a ser produzido em um tempo ou prazo futuro.

Capitalização

É o mecanismo financeiro capaz de produzir um novo montante a cada período com aplicação de uma determinada taxa de juros.

Amortização

É a injeção de um valor com a finalidade de abater de um montante, um determinado valor visando diminuir uma dívida contraída.

Juros simples e compostos

Juros simples

Também chamados de linear é o rendimento do capital em um tempo dado a uma taxa fixa aplicada.

Por exemplo: um empréstimo de R$ 5.000,00 pelo qual incorrem 3% de juros simples por mês a serem pagos ao final de um mês. Devemos calcular:

3% de R$ 5.000,00 = R$ 5.000,00 · 0,03 = R$ 150,00

Os juros podem ser calculados a partir da seguinte fórmula: **J = C · i · n**

Abreviaturas:

- J = juros
- i = taxa de juros (produzida em fração, decimal ou porcentagem)
- c = capital
- m = montante
- n = prazo (ou tempo)
- a.m. = ao mês
- a.a. = ao ano

Evidentemente, i e n, ou seja, a taxa e o prazo têm que ser calculados ou considerados nas mesmas unidades. Isso quer dizer que se a taxa for diária, o tempo deverá ser também considerado em dia; se a taxa for mensal, o tempo também deverá ser mensal e assim por diante com ano.

Exemplo:

Qual é o juro simples produzido por um capital de R$ 7.000,00 aplicado durante 4 meses a uma taxa de 2,5% a.m.?

→ $j = c \cdot i \cdot n$

→ $j =$ R$ 7.000,00 · 0,025 · 4

→ $j =$ R$ 700,00

E se a esse mesmo capital fosse aplicada a mesma taxa, porém em um prazo de 27 dias? Considerando a observação de que a taxa e o prazo devem ser calculados nas mesmas unidades, teremos:

→ $j = c \cdot i \cdot n$

→ $j =$ R$ 7.000,00 · 0,025 . $\frac{27}{30}$

→ $j =$ R$ 7.000,00 · 0,025 · 0,9

→ $j =$ R$ 157,50

No primeiro exemplo teremos o ***montante*** igual a R$ 7.700,00 que é a soma do capital de R$ 7.000,00 mais os juros produzidos de R$ 700,00, e no segundo exemplo o ***montante*** seria de R$ 7.157,50.

Juros compostos

Também chamados de capitalizados, consistem na formação de novo capital a cada período a que a taxa se referir até o final do tempo desejado.

Nesse caso o produto final será o montante. Para conhecer os juros, basta subtrair deste o capital empregado.

Exemplo: suponhamos um capital de R$ 5.000,00 tomado emprestado a juros de 5% a.m. por um prazo de 5 meses capitalizados.

A fórmula utilizada seria a seguinte: $C(1+i)^n$

No exemplo teríamos então:

R$ 5.000,00 · $(1+0{,}05)^n$

R$ 5.000,00 · $(1{,}05)^n$

R$ 5.000,00 · 1,27628 = R$ 6.381,40

Demonstrando período a período, teremos:

Períodos	Capital R$	Juros R$	Montante R$
1	5.000,00	250,00	5.250,00
2	5.250,00	262,50	5.512,50
3	5.512,50	275,62	5.788,12
4	5.788,12	289,40	6.077,52
5	6.077,52	303,88	6.381,40

Assim sendo, teremos o ***montante*** de R$ 6.381,40 para um capital inicial de R$ 5.000,00, o que significa R$ 1.381,40 de juros produzidos no período pelo sistema capitalizado. A isso chamamos capitalização.

Se compararmos o exemplo anterior, calculado sob a forma de juros simples, teremos:

Período	Capital R$	Juros R$	Montante R$
1	5.000,00	250,00	5.250,00
2	5.000,00	250,00	5.500,00
3	5.000,00	250,00	5.750,00
4	5.000,00	250.00	6.000,00
5	5.000,00	250,00	6.250,00

Desta forma fica clara a diferença entre juros simples e compostos pelo exemplo.

Descontos e taxas

Desconto

É a diferença entre o valor nominal de uma dívida na data de seu vencimento e o seu valor atual na data em que esse valor é atualizado.

Conhecemos dois tipos de desconto:

- Racional ou por dentro
- Comercial ou por fora

Esses dois tipos podem ser simples ou compostos, conforme os juros utilizados na operação que podem ser também simples ou compostos.

- **Desconto racional ou por dentro**: é aquele em que a taxa de desconto incide sobre o valor líquido e calculado, tomando-se por base a fórmula:

$$Dr = \frac{N \cdot i \cdot n}{1 + i \cdot n}$$

Exemplo: suponhamos um título de R$ 10.000,00 a uma taxa de 4% ao mês pago 2 meses antes de seu vencimento:

$$Dr = \frac{10.000{,}00 \cdot 0{,}04 \cdot 2}{1 + 0{,}04 \cdot 2} = \frac{R\$800{,}00}{1 + 0{,}08} = \frac{R\$800{,}00}{1{,}08} = R\$740{,}74$$

O desconto neste caso é de R$ 740,74 e o valor líquido após o desconto será de:

$$R\$\ 10.000{,}00 - R\$\ 740{,}74 = R\$\ 9.259{,}26$$

Esta modalidade de desconto poderia ser representada assim também:

$$L = \frac{N}{1 + i \cdot n}$$

Sendo L o valor líquido após o desconto e N o valor nominal do título.

$$\frac{R\$10.000{,}00}{1 + 0{,}04 \cdot 2} = \frac{R\$10.000{,}00}{1{,}08} = R\$9.259{,}26$$

- **Desconto comercial ou por fora**, também conhecido como desconto bancário, é aquele em que a taxa de desconto incide sobre o valor nominal.

Utilizando o mesmo exemplo, teremos:

$$D = N \cdot i \cdot n = R\$\ 10.000{,}00 \cdot 0{,}04 \cdot 2 = R\$\ 800{,}00$$

Assim sendo, o valor líquido após o desconto será de:

$$R\$\ 10.000{,}00 - R\$\ 800{,}00 = R\$\ 9.200{,}00$$

Que também poderia ser representado da seguinte forma:

$L = N\ (1 - i \cdot n)$, sendo

$L = R\$\ 10.000{,}00 \cdot (1 - 0{,}04 \cdot 2)$

$L = R\$\ 10.000{,}00 \cdot 0{,}92 = R\$\ 9.200{,}00$

Sistema financeiro nacional

Trata-se de um conjunto de instituições financeiras e instrumentos responsáveis por toda a intermediação financeira do mercado. É o responsável pela junção dos agentes econômicos, com situação orçamentária superavitária e deficitária.

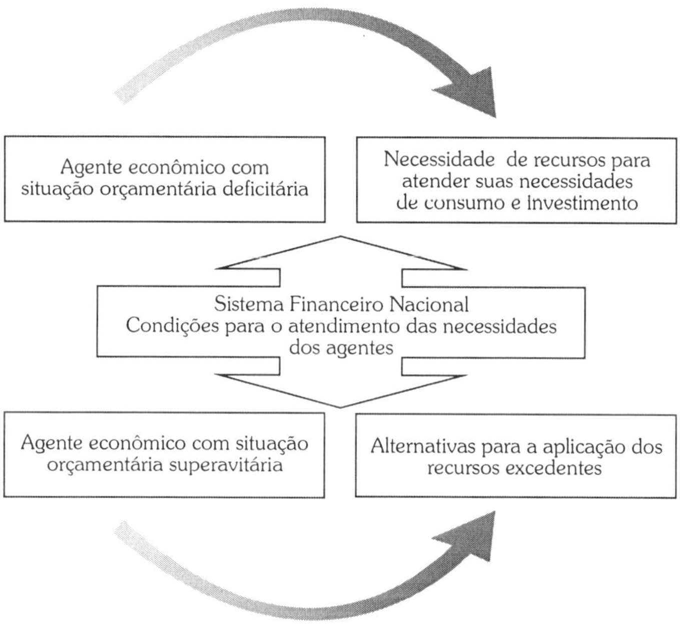

Está dividido em dois subsistemas:

Subsistema normativo

Responsável pelo controle e normatização das instituições que operam no mercado. É composto por:

- Conselho Monetário Nacional
- Banco Central do Brasil
- Banco do Brasil
- BNDES
- Comissão de Valores Mobiliários

Subsistema operativo ou operacional

Trata-se das instituições que operam diretamente com a ação de intermedição financeira. É composto por:

- Bancos comerciais
- Caixas econômicas
- Bancos de investimento
- Bancos de desenvolvimento
- Sociedades de crédito, financiamento e investimento (financeiras)
- Sociedades corretoras
- Sociedades distribuidoras
- Sociedades de arrendamento mercantil (leasing)
- Sociedades de crédito imobiliário
- Bancos múltiplos

Conselho Monetário Nacional

É o principal órgão do Sistema Financeiro Nacional, criado pela Lei nº 4.595 de 1964. Determinada a sua competência quanto a ser órgão disciplinador do Mercado de Capitais pela Lei nº 4.728 de 14 de julho de 1965, o Conselho Monetário Nacional também substitui o Conselho da Superintendência da Moeda e do Crédito (SUMOC), e tem como finalidade formular a política da moeda e do crédito.

Banco Central do Brasil

É uma autarquia federal criada com a finalidade de fiscalizar as instituições financeiras. Dentre as muitas atribuições importantes do BACEN está o de regulador das políticas monetária e creditícia do governo, administrar as reservas internacionais e fiscalizar o Sistema Financeiro Nacional.

Entidades privadas

Entidades financeiras são entidades públicas ou privadas cuja atividade principal ou acessória é a coleta, intermediação ou aplicação de recursos financeiros próprios ou de terceiros, em moeda nacional ou estrangeira e custódia de valor de propriedade de terceiros, de acordo com a Lei nº 4.595, de 31 de dezembro de 1964.

Títulos de crédito

Denominam-se títulos de crédito os papéis representativos de uma obrigação e emitidos de conformidade com a legislação específica de cada tipo ou espécie.

Duplicata

A duplicata mercantil é título de crédito que constitui o instrumento de prova do contrato de compra e venda. É obrigatória nas vendas mercantis a prazo e pode ser protestada por falta de pagamento, quando vencida.

A duplicata de prestação de serviços é título emitido por profissionais ou por empresas, para cobrança de serviços prestados.

Triplicata

Segunda via ou reprodução de duplicata por motivo de extravio ou por não ser aceita.

Nota promissória

A nota promissória é um título de crédito emitido pelo devedor, sob a forma de promessa de pagamento, a determinada pessoa, de certa quantia em data especificada. A nota promissória, portanto, é uma promessa direta e unilateral de pagamento, à vista ou a prazo, efetuada, em caráter solene, pelo promitente-devedor ao promissário-credor.

Letra de câmbio

Ordem de Pagamento - à vista e a prazo. Título de crédito formal, consistente numa ordem escrita de pagamento, de um emitente ou sacador, a outrem, chamado aceitante ou sacado, para que pague a um terceiro, denominado tomador, determinada importância em local e data determinados.

Financiamentos de curto e longo prazos

Valores liberados pelo credor para serem aplicados pelo devedor na aquisição de bens móveis (veículos, máquinas, equipamentos) e imóveis (unidades habitacionais, plantas industriais, etc.). Ou seja, sabe-se exatamente o destino do recurso. Existem os financiamentos de curto prazo (até 360 dias) e os de longo prazo (acima de 360 dias).

Cálculos financeiros

Série de pagamentos iguais

Faz parte do plano de amortização utilizado no investimento ou financiamento, que retorna ao investidor ou financiador a uma determinada taxa em um certo tempo em pagamentos iguais.

Sobre o valor financiado aplica-se a taxa de juros pelo tempo que a operação ficará aberta até o retorno efetivo do capital, cujos juros estão embutidos nas prestações ou parcelas no período do tempo ajustado.

A isso chamamos de ***fator de recuperação do capital - FRC***, determinado pela seguinte fórmula:

$$\frac{i(1+i)^n}{(1+i)^n - 1}$$

Vamos então supor um bem de R$ 10.000,00 financiados a uma taxa de 5% ao mês a ser retornado em cinco meses em cinco prestações iguais. Utilizando a fórmula anterior, teremos:

Valor: R$ 10.000,00

Taxa (i) = 5% a.m.

Prazo (n) = 5 meses

$$\frac{0{,}05\ (1+0{,}05)^5}{(1+0{,}05)^5 - 1} = \frac{0{,}05(1{,}05)^5}{(1{,}05)^5 - 1} = 0{,}23097$$

Encontramos, portanto, o fator de 0,23097 que multiplicado pelo valor financiado de R$ 10.000,00 resulta em R$ 2.309,70, que é exatamente o valor de cada uma das cinco prestações.

Vamos demonstrar o exemplo:

Período	Saldo Devedor	Amortização	Juros	Prestação	Capital Amortizado
0	10.000,00	-0-	-0-	-0-	-0-
1	8.190,30	1.809,70	500,00	2.309,70	1.809,70
2	6.290,12	1.900,18	409,52	2.309,70	3.709,88
3	4.294,93	1.995,19	314,51	2.309,70	5.705,07
4	2.199,98	2.094,95	214,75	2.309,70	7.800,02
5	-0-	2.199,98	109,72	2.309,70	2.199,98
Total		10.000,00	1.548,50	11.548,50	

Encontramos, a partir do primeiro valor da amortização, R$ 1.809,70, uma progressão geométrica, sendo esse o primeiro termo e a razão é (1+i) = 1,05.

Taxa de retorno

A taxa interna de retorno é o percentual de retorno obtido sobre o saldo investido e ainda não recuperado em um projeto de investimento. Matematicamente, é a taxa de juros que torna o valor presente das entradas de caixa igual ao valor presente das saídas de caixa do projeto de investimento.

Empréstimos e investimentos

- **Empréstimos**: valores liberados pela instituição financeira (credor) para seu cliente (devedor), sem que haja um controle efetivo do credor sobre a utilização dos recursos.
- **Investimentos**: aplicações de recursos (dinheiro ou títulos) em empreendimentos que renderão juros ou lucros, em geral em longo prazo. Aplica-se tanto a compra de máquinas, equipamentos e imóveis para a instalação de unidades produtivas, como a compra de títulos financeiros (ações, etc.).

Base de cálculos

Toda vez que formos efetuar um cálculo é preciso ter uma base, isto é, o que calcularemos sobre o que. Por exemplo, se aplicarmos um determinado capital, vamos precisar de uma base para calcular esse capital que são: a taxa de juros e o prazo em que esse capital ficará aplicado.

Taxas

É o percentual utilizado para cálculo de juros, descontos e outras operações financeiras sempre utilizado por cem unidades, por isso chamamos de porcentagem.

Prazos

É o tempo em que determinado capital aplicado a uma determinada taxa de juros fica disponível. Lembramos que tanto capital quanto taxas ou prazos são utilizados em todo tipo de operação financeira, ou seja, operações de aplicação, investimento, descontos, valor atual ou presente, valor futuro. Em todos os cálculos utilizamos sempre essas bases.

Fluxo de caixa

É a compatibilização entre a saída de caixa e ingressos de recursos, em que saídas de caixa ocorrem para honrar obrigações e ingressos de recursos são provenientes de vendas de produtos e serviços.

- A função principal do administrador responsável pela gestão do caixa é assegurar o equilíbrio financeiro da empresa, ou seja, assegurar essa compatibilização.
- Os intervalos para elaboração do fluxo de caixa vão depender lógicamente da natureza do negócio. Quanto mais sazonais e incertos forem os fluxos de caixa da empresa, tanto mais numerosos devem ser os intervalos. No entanto, a maioria das empresas elabora o fluxo de caixa com um padrão mensal.
- Um fluxo de caixa comum, ou seja, o mais usual pode conter os seguintes elementos do DESC - Demonstração das Entradas e Saídas de Caixa:

Entrada de caixa

- Vendas à vista
- Recebimentos de vendas a prazo
- Vendas do ativo imobilizado
- Recebimentos de juros
- Empréstimos bancários

Saída de caixa

- Pagamentos de empréstimos bancários
- Pagamentos de impostos
- Pagamentos de juros
- Compras à vista
- Pagamentos a fornecedores
- Gastos com despesas administrativas
- Gastos gerais

Principais contas da gestão do caixa

Contas a Receber: representa fundamentalmente os créditos da empresa junto a seus clientes. A liquidação do Contas a Receber é a principal fonte de recursos de caixa da maioria das empresas.

O principal risco que o Contas a Receber corre é evidentemente do não-recebimento. Algumas providências devem ser tomadas para evitar esse risco, como, por exemplo, o controle rigoroso do contrato e o privilégio de recebimento pela rede bancária. Em contrapartida, a punição para a fonte pagadora faltosa é a cobrança de encargos pelo atraso.

A empresa vendedora (ou credora) deve envidar esforços para que o cliente em atraso liquide sua obrigação. Podem ser utilizadas várias formas de negociação como: parcelamento, renegociação, cobrança amigável, auxílio de um escritório especializado ou, em caso extremo, quando se esgotarem todas as tentativas de receber os valores devidos à cobrança judicial.

Contas a Pagar: representa um crédito rotativo permanente. Por esse motivo, os fornecedores, através dos créditos que concedem ao Contas a Pagar, tornam-se aliados importantes da empresa. Como aliados devem ser tratados com respeito. A imagem da empresa junto a seus fornecedores, muitas vezes construída ao longo de vários anos, é um ativo importante e não contabilizado.

O pagamento deve ser efetuado ao credor ou a quem de direito o representa, cuja quitação designará o valor e a espécie da dívida quitada, o nome do devedor ou quem pagou por este, o tempo e o lugar do pagamento, com a assinatura do credor o de seu representante.

O grande risco do Contas a Pagar é efetuar o pagamento sem o devido recibo.

Demonstrativo de entrada e saída de caixa - DESC

Trata-se da demonstração resumida dos valores em um determinado período da movimentação de entradas e saídas previstas para que o administrador financeiro previna com antecedência quaisquer remanejamentos das contas.

A título de exemplo, suponhamos um fluxo para uma semana com os seguintes valores, e o saldo inicial seria de R$ 740,00 positivos:

Entradas dias	Vendas de Mercadorias	Vendas de Serviços
segunda-feira	R$ 2.120,00	R$ 830,00
terça-feira	R$ 1.980,00	R$ 320,00
quarta-feira	R$ 2.460,00	R$ 470,00
quinta-feira	R$ 1.060,00	R$ 540,00
sexta-feira	R$ 1.740,00	R$ 260,00

Saídas	Fornecedores	Pagamentos Diversos	
segunda-feira	R$ 1.730,00	Telefone	R$ 260,00
terça-feira	R$ 1.460,00	Aluguel	R$ 980,00
quarta-feira	R$ 1.810,00	Impostos	R$ 740,00
quinta-feira	R$ 980,00	Empréstimos	R$ 470,00
sexta-feira	R$ 1.790,00	Energia	R$ 370,00

Montaríamos o DESC da seguinte forma:

Descrição	2ª feira	3ª feira	4ª feira	5ª feira	6ª feira
Entradas					
Mercadorias	2.120,00	1.980,00	2.460,00	1.060,00	1.740,00
Serviços	830,00	320,00	470,00	540,00	260,00
Total das Entradas	2.950,00	2.300,00	2.930,00	1.600,00	2.000,00
Saídas					
Fornecedores	1.730,00	1.460,00	1.810,00	980,00	1.790,00
Aluguel	-	980,00	-	-	-
Impostos	-	-	740,00	-	-
Empréstimos	-	-	-	470,00	-
Energia	-	-	-	-	370,00
Telefone	260,00	-	-	-	-
Total das saídas	1.990,00	2.440,00	2.550,00	1.450,00	2.160,00
Saldo do dia	960,00	(140,00)	380,00	150,00	(160,00)
Saldo acumulado *	1.700,00	1560,00	1.940,00	2.090,00	1.930,00
* O saldo acumulado parte do valor inicial de R$ 740,00.					

Administração e estratégias de caixa

A administração do caixa é a grande chave da administração do capital de giro. As estratégias básicas que devem ser empregadas pela empresa na administração de caixa são:

- Retardar ao máximo possível o pagamento de duplicatas a pagar, sem prejudicar, evidentemente, o conceito de crédito da empresa.
- Girar os estoques com a maior rapidez possível, evitando faltas de estoques que podem resultar interrupção na linha de produção ou perda de vendas.
- Receber o mais rápido possível as duplicatas a receber sem perder vendas futuras devido a técnicas rígidas de cobrança. Os descontos financeiros, se economicamente justificáveis, podem ser usados para realizar esse objetivo.

Faturamento, nota fiscal e fatura

Toda empresa que está no mercado gira seus negócios vendendo seus produtos e/ou serviços. A essa venda damos o nome de faturamento. Tudo o que é vendido em uma empresa econômica e administrativamente correta é faturado, quer à vista ou a prazo.

À vista significa que a troca do produto ou bem vendido se dá no mesmo instante por moeda corrente, dinheiro ou cheque, mediante a extração e apresentação imediata da correspondente nota fiscal.

A prazo significa que a empresa entrega seu produto, mercadoria ou presta seus serviços com valor acertado mediante a emissão da respectiva nota fiscal e fatura, e para receber no futuro, emite a duplicata.

Na empresa o departamento que cuida dessa documentação é chamado de faturamento.

Nota fiscal e fatura

É o documento exigido pelo fisco, emitido pela empresa que vende os produtos, mercadorias ou presta serviços. Esse documento acompanha os produtos, mercadorias ou os serviços, independente de serem negociados à vista ou a prazo e na maioria das vezes é acompanhado da fatura.

De suma importância aos negócios da empresa, esse documento é a base para a movimentação e geração de tributos dentro da empresa, sendo a origem da fatura e, quando for negociação a prazo, origina uma duplicata.

Tesouraria, recibos e cheques

Toda empresa movimenta seus recursos financeiros no setor de tesouraria. Tanto recursos em dinheiro como movimento bancário são desenvolvidos pela tesouraria, mesmo que esse departamento ou setor não exista formalmente e seja desenvolvido, dependendo do tamanho da empresa, agregado a outro departamento.

A tesouraria cuida então, como vimos, do "*tesouro*" da empresa; seus valores representados por moeda.

Todos esses valores devem ser movimentados por meio de documentos e cuidadosamente verificados, pois qualquer diferença ou divergência pode causar prejuízos incalculáveis à saúde financeira da empresa.

Recibos

Todos os valores recebidos diariamente passam pela tesouraria para receberem seu destino final de acordo com a política da empresa, como depósito em banco, pagamento de despesas correntes ou mesmo pagamento a fornecedores.

O movimento financeiro da empresa deve ser cuidadosamente definido por uma política séria de movimento, como efetuar todo e qualquer pagamento, desembolso por meio de recibos. Isso quer dizer que quem receber qualquer valor externa ou internamente da empresa deve assinar um documento que chamamos de recibo pelo valor recebido.

Esse recibo pode ser desde um impresso formal adquirido em papelarias, ou mesmo redigido na própria tesouraria ou departamento financeiro, ou colocado no verso da duplicata quando ela for paga "*em carteira*". O importante é que não saia nenhum valor da tesouraria sem o devido comprovante de quem o recebeu.

Cheques

O cheque é uma "*ordem de pagamento à vista*" e como tal somente deve ser emitido pela empresa quando ela estiver com suficiente saldo em bancos. O talão de cheques, após recebido pela empresa do banco correspondente em que ela mantenha conta-corrente, é de sua inteira responsabilidade, inclusive para efeito de controle e guarda física.

Existem duas formas de emissão de cheques: ao portador e nominativo.

- **Cheques ao portador**: não é recomendável que uma empresa emita cheques dessa forma porque não identifica o favorecido. Isso quer dizer que, nos dias atuais, com a cobrança do CPMF, os cheques ao portador podem ser utilizados como moeda corrente, passando de mão em mão até encontrar alguém disposto a depositar e arcar com essa contribuição. Essa atitude dificulta inclusive a conciliação bancária porque demora a entrar na conta-corrente da empresa no banco.
- **Cheques nominativos**: emitidos pela empresa em que declara o favorecido pelo pagamento da importância neles contida. Essa modalidade melhora os efeitos da movimentação, inclusive facilita a conciliação bancária. O cruzamento no cheque é representado por dois traços transversais e após isso, o cheque somente pode ser compensado por meio de depósito e não pode ser sacado pelo favorecido.

  Há um fator importante com relação a essa modalidade de emissão de cheque, pois se o favorecido *endossar*, ou seja, assinar atrás do cheque, ele se transforma ao portador, porém não pode ser descontado ou recebido no caixa do banco, devendo continuar com a exigência de ser somente depositado, mas nesse caso, na conta de outra pessoa que não o favorecido.

A modalidade mais segura hoje para emissão de cheque é o cruzamento em preto, nome que se dá quando o emitente cruza o cheque com os dois traços transversais com os dizeres: "*este cheque somente poderá ser depositado na conta do favorecido*", o que significa que somente o favorecido poderá depositar o cheque, ficando impedido de ser repassado adiante. Essa modalidade vem definitivamente dar maior clareza à conciliação bancária porque a empresa emitente pode *rastrear* o cheque quando não tiver sido compensado.

Há uma medida também utilizada em algumas empresas e que está se firmando na circulação de cheques, que é uma declaração colocada no verso do cheque e assinada pelo emitente que diz "*este cheque não poderá receber contra-ordem*". Isso significa que o emitente do cheque não poderá, por exemplo, *sustar* o cheque por qualquer motivo. Essa medida é utilizada mais no recebimento de cheques para pagamento de vendas ou faturamento na empresa.

Conciliação bancária

Processo de caráter periódico destinado a constatar as diferenças entre os controles da empresa e os extratos bancários.

É preciso acompanhar a movimentação da conta-corrente de determinado banco por meio de controles de movimento bancário, em que devem ser lançados avisos de débito, crédito, cheques emitidos, etc.

À primeira via desse controle devem ser anexados todos os documentos de débito e crédito para efeito de contabilização.

Esse procedimento detecta as diferenças que podem ser, por exemplo:

- Cheques lançados no controle da empresa e ainda não compensados pelo banco;
- Avisos de débito e crédito lançados pelo banco e ainda não considerados nos controles da empresa.

Observamos que os controles bancários mantidos pela empresa são de caráter instantâneo, ou seja, quando se emite um cheque, por exemplo, nem sempre é compensado no mesmo dia, mas é lançado nos controles.

Da mesma forma, o banco pode considerar um aviso de débito, como, por exemplo, a CPMF, ou mesmo o estorno de um cheque de cliente que não é compensado por qualquer motivo.

Tudo isso é detectado na conciliação, que tem por objetivo, após o encontro das contas, fazer com que os saldos estejam de acordo os controles da empresa com o apresentado pelo banco.

Essa conciliação vai inclusive instruir a contabilidade da empresa que, após devidamente conferidos pelo responsável, efetuará os lançamentos ainda não constantes dos registros contábeis. Daí vemos a importância desse procedimento.

Apresentamos a seguir um exemplo de conciliação a partir de uma empresa que ficticiamente chamamos de Zipflex Ltda. confrontando seus registros com o Banco Pagajuros S/A, utilizando os formulários mais usados para esse fim.

Extrato do Banco Pagajuros S.A. - Mês de novembro de 200X

Saldo anterior		R$	1.874,00
03/11	Depósito em cheques	R$	4.275,00
05/11	Depósito em dinheiro	R$	350,00
10/11	Crédito ref. desconto de duplicatas	R$	7.248,00
10/11	IOF sobre op. desconto	R$	72,00 -
10/11	Débito folha de pagamento	R$	5.418,00 -
12/11	Devolução cheque depositado	R$	320,00 -
18/11	Pagamento cheque nº 960	R$	527,00 -
23/11	Depósito em cheques	R$	713,00
Saldo em 30/11/200x		R$	8.123,00

Ficha de razão da empresa Zipflex Ltda. - Banco Pagajuros S.A.

Data	Histórico	Débito	Crédito	Saldo D/C
	Saldo anterior			1.874,00 C
03/11	Depósito movimento do dia		4.275,00	6.149,00 C
05/11	Depósito em dinheiro		350,00	6.499,00 C
07/11	Cheque nº 958	438,00		6.061,00 C
10/11	Valor ref. duplicatas descontadas		7.248,00	13.309,00 C
10/11	Cheque nº 959	184,00		13.125,00 C
10/11	Cheque nº 960	527,00		12.598,00 C
10/11	Débito folha de pagamentos	5.418,00		7.180,00 C
23/11	Depósito em cheques		713,00	7.893,00 C
23/11	Cheque nº 961	97,00		7.796,00 C

Vamos então proceder ao preenchimento dos formulários:

Nome da Empresa: Zipflex Ltda.

Relação de Pendências: valores debitados pelo banco conforme extrato e não considerados pelo Razão nesta data.

Data	Histórico	Valor R$
10/11	IOF sobre operação de desconto	72,00
12/11	Devolução de cheque depositado	320,00
	Total	392,00

Nome da Empresa: Zipflex Ltda.

Relação de Pendências: valores creditados pelo banco conforme extrato e não considerados pelo Razão nesta data.

Data	Histórico	Valor R$
	Não houve ocorrências no mês	

Nome da Emperesa: Zipflex Ltda.

Relação de Pendências: valores debitados pelo Razão e não considerados pelo banco até esta data.

Data	Histórico	Valor R$
07/11	Cheque nº 958	438,00
10/11	Cheque nº 959	184,00
23/11	Cheque nº 961	97,00
	Total	719,00

Nome da Empresa: Zipflex Ltda.

Relação de Pendências: valores creditados pelo Razão e não considerados pelo banco até esta data.

Data	Histórico	Valor R$
	Não houve ocorrências no mês	

Resumo da conciliação bancária

Nome da empresa: Zipflex Ltda.

Banco Pagajuros S.A.

Mês /Ano = novembro de 200x

Saldo do Razão. .... R$ 7.796,00

(–) Valores levados a Débito pelo Banco .... R$ 392,00

(+) Valores levados a Crédito pelo Banco .... R$ -0-

(+) Valores levados a Débito pelo Razão........................ R$ 719,00

(–) Valores levados a Crédito pelo Razão .... R$ -0-

Saldo .... R$ 8.123,00

Saldo Extrato Mês novembro /200X.............................. R$ 8.123,00

Diferença apurada entre Razão e Banco .... R$ 327,00

Conciliado por

____

Exercícios para verificação de aprendizagem

Complete, responda ou escolha a alternativa:

1. É o produto obtido por meio da aplicação de uma determinada taxa percentual sobre um valor conhecido:

( ) Montante ( ) Capital

( ) Juros ( ) Prazo

2. Baseado nos juros simples calcule um capital de R$ 3.200,00 aplicados por 75 dias a uma taxa mensal de 3%.

3. Montando planilhas de juros simples e compostos demonstre um capital de R$8.000,00 aplicados por cinco meses a 3,5% ao mês e apure a diferença entre as duas formas.

4. Calcule o desconto racional ou por dentro de um capital de R$ 6.000,00 a uma taxa de 3% pagos três meses antes de seu vencimento.

5. Tendo como base os valores da questão 4, calcule o mesmo desconto pelo método comercial ou por fora.

6. Qual o principal órgão do Sistema Financeiro Nacional?

( ) Banco Central

( ) Banco do Brasil

( ) Conselho Monetário Nacional

7. Denominam-se títulos de crédito os papéis representativos de uma obrigação e emitidos de conformidade com a legislação específica de cada tipo ou espécie.

( ) Certo ( ) Errado

8. Um financiamento de R$ 13.000,00 por um prazo de 24 meses a uma taxa de 2% ao mês, em prestações iguais, sendo a primeira vencível a 30 dias, cujo coeficiente é 0,05287. Qual o valor de cada prestação?

9. Qual a diferença entre empréstimos e investimentos?

10. Cheque é uma ordem de pagamento à vista.

( ) correto ( ) errado

11. Quais as duas formas de emissão de cheques?

12. Conciliação Bancária é um processo de caráter __________ destinado a ____________ as diferenças entre os ________________ e os __________________.

Capítulo 5

Administração Tributária

Tributo
Competência tributária
Obrigação tributária
Elementos fundamentais da obrigação tributária
Sistema Simples Nacional
IPI - Imposto sobre Produtos Industrializados
ICMS - Imposto sobre a Circulação de Mercadorias e Serviços de transporte interestadual e intermunicipal e de comunicações
ISSQN - Imposto sobre Serviços de Qualquer Natureza
COFINS - Contribuição para Financiamento da Seguridade Social
Nota fiscal e fatura
Crimes fiscais

Tributo

O Código Tributário Nacional, em seu artigo 3º, define tributo como segue:

> *"Tributo é toda prestação pecuniária compulsória, em moeda ou cujo valor nela se possa exprimir, que não constitua sanção de ato ilícito, instituída em lei e cobrada mediante atividade administrativa plenamente vinculada."*

Os tributos devem ter caráter pessoal e serem graduados segundo a capacidade econômica do contribuinte.

O tributo é dividido em três espécies:

1. **Imposto**: decorre de situação geradora independente de qualquer contraprestação do Estado em favor do contribuinte.
2. **Taxa**: ao contrário do imposto, está vinculada a uma atividade estatal específica do ente arrecadador com o contribuinte.
3. **Contribuição**: tributo vinculado a uma atuação indireta do ente arrecadador com o contribuinte. É cobrada quando há um benefício trazido aos contribuintes.

Competência tributária

A Constituição em vigor distribui as competências tributárias da seguinte forma:

1. Compete à União instituir impostos sobre:
   - Produtos Industrializados - IPI
   - Rendas e Proventos de Qualquer Natureza - IR
   - Importação de Produtos Estrangeiros - II
   - Exportação de Produtos Nacionais - IE
   - Operações de crédito, câmbio e seguro, ou relativas a títulos e valores mobiliários - IOF
   - Propriedade Territorial Rural - ITR
   - Grandes Fortunas - IGF
2. Compete aos Estados e ao Distrito Federal instituir impostos sobre:
   - Transmissão, *causa mortis* e doação de quaisquer bens e direitos - ITCMD;

- Operações relativas à circulação de mercadorias e sobre prestação de serviços de transporte interestadual e intermunicipal e de comunicação, ainda que as operações e as prestações se iniciem no exterior - ICMS;
- Propriedade de veículos automotores - IPVA.

3. Compete aos Municípios e ao Distrito Federal instituir impostos sobre:
   - Propriedade Predial e Territorial Urbana - IPTU;
   - Transmissão *inter vivos*, por ato oneroso, de bens imóveis e de direitos reais sobre imóveis, ressalvadas as exceções legais - ITIV/ITBI;
   - Serviços de qualquer natureza, definidos em Lei Complementar - ISSQN.

Obrigação tributária

É a relação de Direito Público na qual o Estado (sujeito ativo) pode exigir do contribuinte (sujeito passivo) uma prestação (objeto) nos termos e nas condições descritas na lei (fato gerador).

Vemos então na Obrigação Tributária o aparecimento dos quatro elementos, ou seja, **Sujeito Ativo**, **Sujeito Passivo**, **Objeto** e **Fato Gerador**.

Elementos fundamentais da obrigação tributária

1. **A Lei**: é o principal elemento da obrigação, pois cria os tributos e determina as condições de sua cobrança.
2. **O Objeto**: representa as obrigações que o sujeito passivo (contribuinte) deve cumprir segundo a lei, e consiste basicamente em:
   - *Obrigação principal:* é o próprio pagamento do tributo devido.
   - *Obrigação acessória:* são os procedimentos que nos levam a conhecer o montante da *obrigação principal*, como, por exemplo, a escrituração de livros fiscais, apresentação de declarações, etc.
3. **Fato Gerador**: é a ação que gera a incidência tributária.
4. **Sujeito Ativo**: o sujeito ativo da obrigação tributária é o ESTADO.

5. **Sujeito Passivo**: o sujeito passivo da obrigação tributária é a pessoa obrigada ao pagamento do tributo ou da penalidade pecuniária, ou seja, é o CONTRIBUINTE OU RESPONSÁVEL, sendo CONTRIBUINTE aquele que tem relação pessoal e direta com o fato gerador, e RESPONSÁVEL aquele que, mesmo não tendo relação direta com o fato gerador, assume a obrigação decorrente de disposição expressa em lei.
6. **Base de Cálculo**: é o valor sobre o qual se aplica o percentual (ou alíquota) com a finalidade de apurar o montante a ser recolhido.
7. **Alíquota**: é o percentual definido em lei, que aplicado sobre a base de cálculo, determina o montante do tributo a ser recolhido.

Sistema Simples Nacional

O Simples Nacional consiste em uma forma simplificada e unificada de recolhimento de tributos, por meio da aplicação de percentuais favorecidos e progressivos, incidentes sobre uma única base de cálculo, a **receita bruta**.

Foi criado pelo Governo Federal com o intuito de incentivar a criação de microempresas e empresas de pequeno porte diante da carga tributária de competência da União.

Historicamente, a primeira medida concreta, relacionada ao fomento das atividades das pequenas empresas brasileiras, surgiu por ocasião da criação do Centro Brasileiro de Assistência Gerencial à Pequena e Média Empresa - CEBRAE, em julho de 1972, sendo este, o embrião do atual Sistema Brasileiro de Assistência à Micro e à Pequena Empresa - SEBRAE.

Já no tocante à área tributária, a primeira Lei a estabelecer tributação simplificada para as **pessoas jurídicas de pequeno porte** foi a Lei Federal nº 6468, de 14/11/77, que introduziu a sistemática do cálculo do imposto de renda com base no lucro presumido.

A expressão **microempresa** surgiu pela primeira vez no cenário nacional quando da sanção da Lei nº 7256, de 27/10/84, que propôs um **Estatuto da Microempresa** que continha normas relativas ao tratamento diferenciado, simplificado e favorecido nos campos administrativo, previdenciário, trabalhista e creditício, de desenvolvimento empresarial e tributário.

Todo este conceito sobre a matéria veio em 14/12/06 com a sansão, pelo Exmo. Sr. Presidente da República, da Lei Complementar nº 123, que definiu novas normas para o tratamento diferenciado sobre as **microempresas** e **empresas de pequeno porte**, que o capítulo II assim define:

*"**Art. 3º** - Para os efeitos desta Lei Complementar, consideram-se microempresas ou empresas de pequeno porte a sociedade empresária, a sociedade simples e o empresário a que se refere o art. 966 da Lei nº 10.406, de 10 de janeiro de 2002, devidamente registrados no Registro de Empresas Mercantis ou no Registro Civil de Pessoas Jurídicas, conforme o caso, desde que:*

I - no caso das microempresas, o empresário, a pessoa jurídica, ou a ela equiparada, aufira, em cada ano-calendário, receita bruta igual ou inferior a R$ 240.000,00 (duzentos e quarenta mil reais);

II - no caso das empresas de pequeno porte, o empresário, a pessoa jurídica, ou a ela equiparada, aufira, em cada ano-calendário, receita bruta superior a R$ 240.000,00 (duzentos e quarenta mil reais) e igual ou inferior a R$ 2.400.000,00 (dois milhões e quatrocentos mil reais).

§ 1º Considera-se receita bruta, para fins do disposto no caput deste artigo, o produto da venda de bens e serviços nas operações de conta própria, o preço dos serviços prestados e o resultado nas operações em conta alheia, não incluídas as vendas canceladas e os descontos incondicionais concedidos.

No caso de início de atividade no próprio ano-calendário, para fins de opção pelo Simples Nacional, o limite a que se refere o caput deste artigo será proporcional ao número de meses em que a microempresa ou a empresa de pequeno porte houver exercido atividade, inclusive as frações de meses.

Impostos e contribuições abrangidos pelo Simples Nacional

A inscrição no **Simples** implica no pagamento mensal unificado dos seguintes tributos:

- Imposto sobre a Renda da Pessoa Jurídica (IRPJ)
- Contribuição para o PIS/PASEP
- Contribuição Social sobre o Lucro Líquido (CSLL)
- Contribuição para o Financiamento da Seguridade Social (COFINS)
- Contribuição para a Seguridade Social a cargo da Pessoa Jurídica
- Imposto sobre Produtos Industrializados (IPI)

- Imposto sobre Operações relativas à Circulação de Mercadorias e sobre Prestação de Serviços de Transporte Interestadual e Intermunicipal e de Comunicação - ICMS
- Imposto sobre Serviços de Qualquer Natureza

Impostos e contribuições não abrangidos pelo Simples Nacional

A opção pelo **Simples** não exclui a incidência dos seguintes tributos, devidos na qualidade de contribuinte ou responsável, para os quais deve ser observada a legislação vigente aplicável às demais pessoas jurídicas:

- Imposto sobre Operações de Crédito, Câmbio e Seguro, ou Relativas a Títulos e Valores Mobiliários - IOF
- Imposto sobre Importação de Produtos Estrangeiros - II
- Imposto sobre Exportação de Produtos Nacionais ou Nacionalizados -IE
- Imposto sobre a Propriedade Territorial Rural - IPTR
- Contribuição Provisória sobre a Movimentação Financeira - CPMF
- Contribuição para o Fundo de Garantia do Tempo de Serviço - FGTS
- Contribuição para a Seguridade Social relativa ao empregado

Atividades impeditivas de optar pelo Simples Nacional

A Lei Complementar nº 123/2006 veda determinadas empresas à adesão ao sistema unificado de pagamento de tributos, conforme segue:

> *I - que explore atividade de prestação cumulativa e contínua de serviços de assessoria creditícia, gestão de crédito, seleção e riscos, administração de contas a pagar e a receber, gerenciamento de ativos (asset management), compras de direitos creditórios resultantes de vendas mercantis a prazo ou de prestação de serviços (factoring);*
>
> *II - que tenha sócio domiciliado no exterior;*
>
> *III - de cujo capital participe entidade da administração pública, direta ou indireta, federal, estadual ou municipal;*
>
> *IV - que preste serviço de comunicação;*
>
> *V - que possua débito com o Instituto Nacional do Seguro Social - INSS, ou com as Fazendas Públicas Federal, Estadual ou Municipal, cuja exigibilidade não esteja suspensa;*

> *VI - que preste serviço de transporte intermunicipal e interestadual de passageiros;*
>
> *VII - que seja geradora, transmissora, distribuidora ou comercializadora de energia elétrica;*
>
> *VIII - que exerça atividade de importação ou fabricação de automóveis e motocicletas;*
>
> *IX - que exerça atividade de importação de combustíveis;*
>
> *X - que exerça atividade de produção ou venda no atacado de bebidas alcoólicas, cigarros, armas, bem como de outros produtos tributados pelo IPI com alíquota ad valorem superior a 20% (vinte por cento) ou com alíquota específica;*
>
> *XI - que tenha por finalidade a prestação de serviços decorrentes do exercício de atividade intelectual, de natureza técnica, científica, desportiva, artística ou cultural, que constitua profissão regulamentada ou não, bem como a que preste serviços de instrutor, de corretor, de despachante ou de qualquer tipo de intermediação de negócios;*
>
> *XII - que realize cessão ou locação de mão-de-obra;*
>
> *XIII - que realize atividade de consultoria;*
>
> *XIV - que se dedique ao loteamento e à incorporação de imóveis.*

Uma das modificações mais importantes que a Lei Complementar contemplou foi com relação à adesão dos Estados e Municípios ao regime que, antes facultativa, agora se torna automática a partir do momento da opção da empresa pelo Simples Nacional.

O valor devido mensalmente pela microempresa e pela empresa de pequeno porte, optante pelo Simples Nacional, é obtido mediante aplicação, sobre a receita bruta mensal auferida, de alíquotas progressivas, variáveis conforme o montante da receita bruta acumulada pela empresa, dentro do ano-calendário, até o próprio mês da incidência.

Para efeito de exemplo, tomamos por base as tabelas a serem respeitadas com os valores escalonados para os optantes do Simples Nacional, nos segmentos de Indústria, Comércio e Serviços, no que concerne à partilha dos valores a serem arrecadados:

Partilha do Simples Nacional - Comércio

Receita Bruta em 12 meses (em R$)	ALÍQUOTA	IRPJ	CSLL	COFINS	PIS/PASEP	INSS	ICMS
Até 120.000,00	4,00%	0,00%	0,21%	0,74%	0,00%	1,80%	1,25%
De 120.000,01 a 240.000,00	5,47%	0,00%	0,36%	1,08%	0,00%	2,17%	1,86%
De 240.000,01 a 360.000,00	6,84%	0,31%	0,31%	0,95%	0,23%	2,71%	2,33%
De 360.000,01 a 480.000,00	7,54%	0,35%	0,35%	1,04%	0,25%	2,99%	2,56%
De 480.000,01 a 600.000,00	7,60%	0,35%	0,35%	1,05%	0,25%	3,02%	2,58%
De 600.000,01 a 720.000,00	8,28%	0,38%	0,38%	1,15%	0,27%	3,28%	2,82%
De 720.000,01 a 840.000,00	8,36%	0,39%	0,39%	1,16%	0,28%	3,30%	2,84%
De 840.000,01 a 960.000,00	8,45%	0,39%	0,39%	1,17%	0,28%	3,35%	2,87%
De 960.000,01 a 1.080.000,00	9,03%	0,42%	0,42%	1,25%	0,30%	3,57%	3,07%
De 1.080.000,01 a 1.200.000,00	9,12%	0,43%	0,43%	1,26%	0,30%	3,60%	3,10%
De 1.200.000,01 a 1.320.000,00	9,95%	0,46%	0,46%	1,38%	0,33%	3,94%	3,38%
De 1.320.000,01 a 1.440.000,00	10,04%	0,46%	0,46%	1,39%	0,33%	3,99%	3,41%
De 1.440.000,01 a 1.560.000,00	10,13%	0,47%	0,47%	1,40%	0,33%	4,01%	3,45%
De 1.560.000,01 a 1.680.000,00	10,23%	0,47%	0,47%	1,42%	0,34%	4,05%	3,48%
De 1.680.000,01 a 1.800.000,00	10,32%	0,48%	0,48%	1,43%	0,34%	4,08%	3,51%
De 1.800.000,01 a 1.920.000,00	11,23%	0,52%	0,52%	1,56%	0,37%	4,44%	3,82%
De 1.920.000,01 a 2.040.000,00	11,32%	0,52%	0,52%	1,57%	0,37%	4,49%	3,85%
De 2.040.000,01 a 2.160.000,00	11,42%	0,53%	0,53%	1,58%	0,38%	4,52%	3,88%
De 2.160.000,01 a 2.280.000,00	11,51%	0,53%	0,53%	1,60%	0,38%	4,56%	3,91%
De 2.280.000,01 a 2.400.000,00	11,61%	0,54%	0,54%	1,60%	0,38%	4,60%	3,95%

Partilha do Simples Nacional - Indústria

Receita Bruta em 12 meses (em R$)	ALÍQUOTA	IRPJ	CSLL	COFINS	PIS/PASEP	INSS	ICMS	IPI
Até 120.000,00	4,50%	0,00%	0,21%	0,74%	0,00%	1,80%	1,25%	0,50%
De 120.000,01 a 240.000,00	5,97%	0,00%	0,36%	1,08%	0,00%	2,17%	1,86%	0,50%
De 240.000,01 a 360.000,00	7,34%	0,31%	0,31%	0,95%	0,23%	2,71%	2,33%	0,50%
De 360.000,01 a 480.000,00	8,04%	0,35%	0,35%	1,04%	0,25%	2,99%	2,56%	0,50%
De 480.000,01 a 600.000,00	8,10%	0,35%	0,35%	1,05%	0,25%	3,02%	2,58%	0,50%
De 600.000,01 a 720.000,00	8,78%	0,38%	0,38%	1,15%	0,27%	3,28%	2,82%	0,50%
De 720.000,01 a 840.000,00	8,86%	0,39%	0,39%	1,16%	0,28%	3,30%	2,84%	0,50%
De 840.000,01 a 960.000,00	8,95%	0,39%	0,39%	1,17%	0,28%	3,35%	2,87%	0,50%
De 960.000,01 a 1.080.000,00	9,53%	0,42%	0,42%	1,25%	0,30%	3,57%	3,07%	0,50%
De 1.080.000,01 a 1.200.000,00	9,62%	0,42%	0,42%	1,26%	0,30%	3,62%	3,10%	0,50%
De 1.200.000,01 a 1.320.000,00	10,45%	0,46%	0,46%	1,38%	0,33%	3,94%	3,38%	0,50%
De 1.320.000,01 a 1.440.000,00	10,54%	0,46%	0,46%	1,39%	0,33%	3,99%	3,41%	0,50%
De 1.440.000,01 a 1.560.000,00	10,63%	0,47%	0,47%	1,40%	0,33%	4,01%	3,45%	0,50%
De 1.560.000,01 a 1.680.000,00	10,73%	0,47%	0,47%	1,42%	0,34%	4,05%	3,48%	0,50%
De 1.680.000,01 a 1.800.000,00	10,82%	0,48%	0,48%	1,43%	0,34%	4,08%	3,51%	0,50%
De 1.800.000,01 a 1.920.000,00	11,73%	0,52%	0,52%	1,56%	0,37%	4,44%	3,82%	0,50%
De 1.920.000,01 a 2.040.000,00	11,82%	0,52%	0,52%	1,57%	0,37%	4,49%	3,85%	0,50%
De 2.040.000,01 a 2.160.000,00	11,92%	0,53%	0,53%	1,58%	0,38%	4,52%	3,88%	0,50%
De 2.160.000,01 a 2.280.000,00	12,01%	0,53%	0,53%	1,60%	0,38%	4,56%	3,91%	0,50%
De 2.280.000,01 a 2.400.000,00	12,11%	0,54%	0,54%	1,60%	0,38%	4,60%	3,95%	0,50%

Partilha do Simples Nacional - Serviços e Locação de Bens Móveis

Receita Bruta em 12 meses (em R$)	ALÍQUOTA	IRPJ	CSLL	COFINS	PIS/PASEP	INSS	ISS
Até 120.000,00	6,00%	0,00%	0,39%	1,19%	0,00%	2,42%	2,00%
De 120.000,01 a 240.000,00	8,21%	0,00%	0,54%	1,62%	0,00%	3,26%	2,79%
De 240.000,01 a 360.000,00	10,26%	0,48%	0,43%	1,43%	0,35%	4,07%	3,50%
De 360.000,01 a 480.000,00	11,31%	0,53%	0,53%	1,56%	0,38%	4,47%	3,84%
De 480.000,01 a 600.000,00	11,40%	0,53%	0,52%	1,58%	0,38%	4,52%	3,87%
De 600.000,01 a 720.000,00	12,42%	0,57%	0,57%	1,73%	0,40%	4,92%	4,23%
De 720.000,01 a 840.000,00	12,54%	0,59%	0,56%	1,74%	0,42%	4,97%	4,26%
De 840.000,01 a 960.000,00	12,68%	0,59%	0,57%	1,76%	0,42%	5,03%	4,31%
De 960.000,01 a 1.080.000,00	13,55%	0,63%	0,61%	1,88%	0,45%	5,37%	4,61%
De 1.080.000,01 a 1.200.000,00	13,68%	0,63%	0,64%	1,89%	0,45%	5,42%	4,65%
De 1.200.000,01 a 1.320.000,00	14,93%	0,69%	0,69%	2,07%	0,50%	5,98%	5,00%
De 1.320.000,01 a 1.440.000,00	15,06%	0,69%	0,69%	2,09%	0,50%	6,09%	5,00%
De 1.440.000,01 a 1.560.000,00	15,20%	0,71%	0,70%	2,10%	0,50%	6,19%	5,00%
De 1.560.000,01 a 1.680.000,00	15,35%	0,71%	0,70%	2,13%	0,51%	6,30%	5,00%
De 1.680.000,01 a 1.800.000,00	15,48%	0,72%	0,70%	2,15%	0,51%	6,40%	5,00%
De 1.800.000,01 a 1.920.000,00	16,85%	0,78%	0,76%	2,34%	0,56%	7,41%	5,00%
De 1.920.000,01 a 2.040.000,00	16,98%	0,78%	0,78%	2,36%	0,56%	7,50%	5,00%
De 2.040.000,01 a 2.160.000,00	17,13%	0,80%	0,79%	2,37%	0,57%	7,60%	5,00%
De 2.160.000,01 a 2.280.000,00	17,27%	0,80%	0,79%	2,40%	0,57%	7,71%	5,00%
De 2.280.000,01 a 2.400.000,00	17,42%	0,81%	0,79%	2,42%	0,57%	7,83%	5,00%

De acordo com os incisos I a XII do parágrafo 1º do artigo 17 da Lei Complementar nº 123/2006, os serviços abrangidos pela tabela anterior são:

> *I - Creche, pré-escola e estabelecimento de ensino fundamental;*
>
> *II - Agência terceirizada de Correios;*
>
> *III - Agência de Viagem e Turismo;*
>
> *IV - Centro de formação de condutores de veículos automotores de transporte terrestre de passageiros e de carga;*
>
> *V - Agência Lotérica;*
>
> *VI - Serviços de manutenção e reparação de automóveis, caminhões, ônibus, outros veículos pesados, tratores, maquinas e equipamentos agrícolas;*
>
> *VII - Serviços de instalação, manutenção e reparação de acessórios para veículos automotores;*
>
> *VIII - Serviços de manutenção e reparação de motocicletas, motonetas e bicicletas;*
>
> *IX - Serviços de instalação, manutenção e reparação de máquinas de escritório e informática;*
>
> *X - Serviços de reparos hidráulicos, elétricos, pintura e carpintaria em residências ou estabelecimentos civis ou empresariais, bom como manutenção e reparação de aparelhos eletrodomésticos;*
>
> *XI - Serviços de reparação e manutenção de aparelhos e sistemas de ar-condicionado, refrigeração, ventilação, aquecimento e tratamento de ar em ambientes controlados;*
>
> *XII - Veículos de comunicação, de radiodifisão sonora e de sons e imagens.*

Partilha do Simples Nacional - Serviços

Receita Bruta em 12 meses (em R$)	ALÍQUOTA	IRPJ	CSLL	COFINS	PIS/PASEP	ISS
Até 120.000,00	4,50%	0,00%	1,22%	1,28%	0,00%	2,00%
De 120.000,01 a 240.000,00	6,54%	0,00%	1,84%	1,91%	0,00%	2,79%
De 240.000,01 a 360.000,00	7,70%	0,16%	1,85%	1,95%	0,24%	3,50%
De 360.000,01 a 480.000,00	8,49%	0,52%	1,87%	1,99%	0,27%	3,84%
De 480.000,01 a 600.000,00	8,97%	0,89%	1,89%	2,03%	0,29%	3,87%
De 600.000,01 a 720.000,00	9,78%	1,25%	1,91%	2,07%	0,32%	4,23%
De 720.000,01 a 840.000,00	10,26%	1,62%	1,93%	2,11%	0,34%	4,26%
De 840.000,01 a 960.000,00	10,76%	2,00%	1,95%	2,15%	0,35%	4,31%
De 960.000,01 a 1.080.000,00	11,51%	2,37%	1,97%	2,19%	0,37%	4,61%
De 1.080.000,01 a 1.200.000,00	12,00%	2,74%	2,00%	2,23%	0,38%	4,65%
De 1.200.000,01 a 1.320.000,00	12,80%	3,12%	2,01%	2,27%	0,40%	5,00%
De 1.320.000,01 a 1.440.000,00	13,25%	3,49%	2,03%	2,31%	0,42%	5,00%
De 1.440.000,01 a 1.560.000,00	13,70%	3,86%	2,05%	2,35%	0,44%	5,00%
De 1.560.000,01 a 1.680.000,00	14,15%	4,23%	2,07%	2,39%	0,46%	5,00%
De 1.680.000,01 a 1.800.000,00	14,60%	4,60%	2,10%	2,43%	0,47%	5,00%
De 1.800.000,01 a 1.920.000,00	15,05%	4,90%	2,19%	2,47%	0,49%	5,00%
De 1.920.000,01 a 2.040.000,00	15,50%	5,21%	2,27%	2,51%	0,51%	5,00%
De 2.040.000,01 a 2.160.000,00	15,95%	5,51%	2,36%	2,55%	0,53%	5,00%
De 2.160.000,01 a 2.280.000,00	16,40%	5,81%	2,45%	2,59%	0,55%	5,00%
De 2.280.000,01 a 2.400.000,00	16,85%	6,12%	2,53%	2,63%	0,57%	5,00%

Instituído pela Resolução CGSN nº 11, de 23 de julho de 2007

SIMPLES NACIONAL — MINISTÉRIO DA FAZENDA CGSN

DOCUMENTO DE ARRECADAÇÃO DO SIMPLES NACIONAL

DAS

01 RAZÃO SOCIAL

Número do Documento:
Data limite para acolhimento:

Um ou mais estabelecimentos de suas empresas possui receita proveniente de "Escritórios de serviços contábeis". Para esta atividade o ISS deve ser recolhido fora do Simples Nacional e de acordo com a legislação municipal.

PGDAS (Versão: 1.0.8)

(Código de barras)

02 COMPETÊNCIA	
03 NÚMERO DO CNPJ	
04 DATA DE VENCIMENTO	
05 VALOR DO PRINCIPAL	
06 VALOR DA MULTA	
07 VALOR DOS JUROS E/OU ENCARGOS	
08 VALOR TOTAL	
09 AUTENTICAÇÃO BANCÁRIA (Somente em duas vias)	

Para as atividades de prestação de serviços previstas na tabela anterior, exclui-se da partilha a Contribuição para a Seguridade Social a cargo da Pessoa Jurídica, e consideram-se as seguintes atividades, de acordo com os incisos XIII a XVIII do parágrafo 1º do artigo 17 da Lei Complementar nº 123/2006:

> *XIII - que se dedique á construção de imóveis e obras de engenharia em geral, inclusive sob a forma de subempreitada;*
>
> *XIV - transporte municipal de passageiros;*
>
> *XV - empresas montadoras de stands para feiras;*
>
> *XVI - escolas livres de línguas estrangeiras, artes, cursos técnicos e gerenciais;*
>
> *XVII - produção cultural e artística;*
>
> *XVIII - Produção cinematográfica e de artes cênicas.*

Os recolhimentos dos valores devidos pelo Simples Nacional devem ser efetuados por meio de guia especial denominada DAS - Documento de Arrecadação do Simples Nacional.

IPI - Imposto sobre Produtos Industrializados

O IPI é um imposto de competência federal, não cumulativo, isto é, a legislação permite que seja compensado o que for devido em cada operação com o montante cobrado nas operações anteriores.

O seu fato gerador se dá no desembaraço aduaneiro de produtos de procedência estrangeira e na saída de produto do estabelecimento industrial ou equiparado a industrial.

Por estabelecimento industrial, entende-se aquele que realiza quaisquer das operações de industrialização, conforme determina o artigo 4º do RIPI.

O que é industrialização?

Considera-se industrialização a operação que modifique a natureza, o funcionamento, a apresentação ou a finalidade do produto, ou o aperfeiçoe para consumo.

Divide-se em cinco modalidades, a saber:

- **Transformação**: operação que, exercida sobre a matéria-prima ou produto intermediário, resulta na obtenção de um novo produto.
- **Beneficiamento**: operação que modifica, aperfeiçoa ou altera o funcionamento, a utilização, o acabamento ou a aparência do produto.
- **Montagem**: consiste na reunião de produtos, peças, etc., que resulta um novo produto.
- **Acondicionamento**: operação que altera a apresentação do produto pela colocação da embalagem.
- **Renovação ou recondicionamento**: operação que, exercida sobre o produto usado, ou parte remanescente de produto deteriorado ou inutilizado, renova ou restaura o produto para utilização.

Quem são os contribuintes?

Considera-se contribuinte do IPI a pessoa física ou jurídica que tenha relação direta com o fato gerador, sendo os principais deles o industrial e o estabelecimento equiparado a industrial, como, por exemplo, o importador.

Apuração do IPI

O recolhimento do IPI é feito por meio do DARF - Documento de Arrecadação de Tributos Federais. O período de arrecadação é o seguinte:

Produtos	Apuração	Vencimento	Cód. DARF
Automóveis	Decendial	Último dia útil do decêndio seguinte	0676
Máquinas	Decendial	Último dia útil do decêndio seguinte	11097
Bebidas	Decendial	3º dia útil do decêndio seguinte	0668
Fumo	Decendial	3º dia útil do decêndio seguinte	1072
Demais produtos	Quinzenal	Último dia útil da quinzena seguinte	1097

A exceção é para as microempresas e as empresas de pequeno porte, cujos períodos de apuração são mensais e os respectivos recolhimentos devem ocorrer até o último dia do mês subseqüente ao fato gerador.

Modelos de DARF

DARF comum

Na cor preto-europa, em vigor a partir de 01/04/97, utilizado para pagamentos de receitas federais pelas pessoas físicas e jurídicas, exceto as optantes pelo **Simples** (Instrução Normativa/SRF nº 09, de 22/01/97).

Instruções de preenchimento

Preenchimento em geral (pagamentos a partir de 01/04/97).

Roteiro para preenchimento do DARF:

Campo do DARF	O que deve conter
01	Nome e telefone do contribuinte.
02	Data da ocorrência ou do encerramento do período base no formato DD/MM/AA.
03	Número de inscrição no CPF ou CNPJ.
04	Código da receita que está sendo paga. Os códigos de tributos e contribuições administrados pela SRF podem ser obtidos na Agenda Tributária.
05	Preencher com: - código da Unidade da SRF responsável pelo despacho aduaneiro, se relativo ao recolhimento do Imposto de Importação e IPI Vinculado à Importação; - número do imóvel rural na Receita Federal (NIRF), de ITR/97 em diante; ou o número do lançamento, se relativo ao ITR/96 ou anteriores; - código do município produtor, se relativo ao IOF - Ouro; - número da respectiva inscrição, se relativo a débito inscrito em Dívida Ativa da União; - número do processo, se pagamento oriundo de processo fiscal de cobrança ou de parcelamento de débitos; - número de inscrição no Departamento Nacional de Telecomunicações, se relativo à taxa FISTEL; - número de inscrição do imóvel, se relativo a rendas do Serviço de Patrimônio da União.
06	Data de vencimento da receita no formato DD/MM/AA.
07	Valor principal da receita que está sendo paga.
08	Valor da multa, quando devida.
09	Valor dos juros de mora, ou encargos do DL - 1.025/69 (PFN), quando devidos.
10	Soma dos campos 07 a 09.
11	Autenticação do Agente Arrecadador.

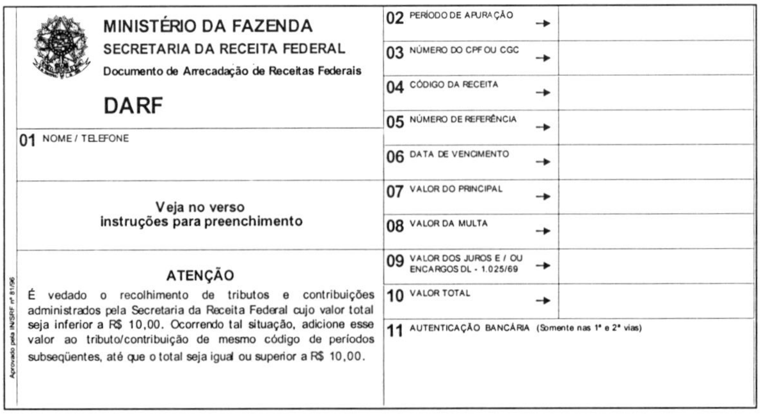
MINISTÉRIO DA FAZENDA
SECRETARIA DA RECEITA FEDERAL
Documento de Arrecadação de Receitas Federais
DARF

01 NOME / TELEFONE

Veja no verso
instruções para preenchimento

ATENÇÃO
É vedado o recolhimento de tributos e contribuições administrados pela Secretaria da Receita Federal cujo valor total seja inferior a R$ 10,00. Ocorrendo tal situação, adicione esse valor ao tributo/contribuição de mesmo código de períodos subseqüentes, até que o total seja igual ou superior a R$ 10,00.

Aprovado pela IN/SRF nº 81/96

02 PERÍODO DE APURAÇÃO →
03 NÚMERO DO CPF OU CGC →
04 CÓDIGO DA RECEITA →
05 NÚMERO DE REFERÊNCIA →
06 DATA DE VENCIMENTO →
07 VALOR DO PRINCIPAL →
08 VALOR DA MULTA →
09 VALOR DOS JUROS E / OU ENCARGOS DL - 1.025/69 →
10 VALOR TOTAL →
11 AUTENTICAÇÃO BANCÁRIA (Somente nas 1ª e 2ª vias)

ICMS - Imposto sobre a Circulação de Mercadorias e Serviços de transporte interestadual e intermunicipal e de comunicações

É um imposto de competência estadual, não cumulativo, compensando-se o que for devido em cada operação, com o montante cobrado nas operações anteriores, cujo cálculo é efetuado "por dentro", ou seja, ao calcular o valor da operação ou prestação de serviço, já deve estar embutido o valor do ICMS.

O fato gerador do ICMS ocorre nas seguintes situações:

- Na saída de mercadoria, a qualquer título, de estabelecimento contribuinte;
- No desembaraço aduaneiro de importação;
- No início da prestação de serviços de transporte estadual e intermunicipal;
- Na entrada, em estabelecimento de contribuinte, de mercadorias oriundas de outro estado, destinadas a uso ou consumo, ou mesmo ativo permanente;
- Na prestação onerosa de serviços de comunicação efetuada por qualquer meio.

Quem são os contribuintes?

Perante a legislação do ICMS, considera-se contribuinte qualquer pessoa, natural ou jurídica, que de modo habitual ou em volume que caracteriza intuito comercial, realize operações relativas à circulação de mercadorias ou preste serviços de transporte estadual, interestadual ou intermunicipal ou de comunicação.

Apuração e recolhimento do ICMS

A apuração deve ser efetuada mensalmente pelos estabelecimentos contribuintes, devendo cada um deles realizar a própria apuração.

O contribuinte está obrigado, para efeito de apuração do imposto e das informações sobre o movimento econômico, à emissão de documentos fiscais e escrituração dos livros, conforme listados em seguida:

- Notas fiscais conforme exige a lei;
- Livro de Registro de Entradas de Mercadorias;
- Livro de Registro de Saídas de Mercadorias;
- Livro de Apuração do ICMS;
- Livro de Registro do Inventário;
- Livro de Registro de utilização de documentos fiscais e termos de ocorrências.

O valor do imposto a recolher é a diferença entre os créditos e os débitos ocorridos no mês dentro dos procedimentos legais de Escrituração Fiscal. O saldo, quando credor, é utilizado para compensação no próximo período.

Opcionalmente, a empresa contribuinte pode eleger um de seus estabelecimentos localizados no território estadual para centralizar os débitos e créditos do ICMS.

O recolhimento é por intermédio do GARE - Guia de Arrecadação da Receita Estadual - e obedece ao prazo com o enquadramento da empresa contribuinte segundo o CNAE - Código de Classificação Nacional de Atividades Econômicas.

O contribuinte do ICMS está obrigado não só ao recolhimento do imposto, mas também à prestação de informações ao Fisco Estadual sobre o movimento econômico de seu estabelecimento, que devem ser declaradas por meio da GIA - Guia de Informação e Apuração do ICMS.

O Fisco Estadual também contempla com tratamento diferenciado alguns grupos de contribuintes com enquadramentos de conformidade com a lei, como vemos a seguir:

- **Restaurantes, bares e similares**, que emitem cupom ou nota fiscal pelo sistema eletrônico;
- **Simples Paulista**: criado pela Lei nº 10.086/98 para incentivar as pequenas e microempresas, não sendo vinculado ao Simples Federal.

ISSQN - Imposto sobre Serviços de Qualquer Natureza

De competência dos municípios e do Distrito Federal, o ISS tem como fato gerador a prestação de serviços independente da sua denominação, e o contribuinte é o prestador do serviço.

O valor do imposto incide sobre o preço de venda total, não gerando direito a crédito. Deve ser recolhido ao município onde se situe o estabelecimento prestador ou, na falta do estabelecimento, no local do domicílio do prestador, exceto nas hipóteses descritas em lei.

Apuração, vencimento e alíquota

Via de regra, o ISS é apurado mensalmente e seu vencimento ocorre geralmente nos primeiros dez dias do mês subseqüente ao da apuração. As alíquotas ficam por conta da competência de cada município estabelecer em sua legislação.

A emenda Constitucional nº 37/2002 determina alíquota mínima de 2% e a Lei Complementar nº 116/03 estabelece 5% como limite máximo para a tributação do ISS.

COFINS - Contribuição para Financiamento da Seguridade Social

Criada pela Lei complementar nº 70 de 30/12/91 e atualmente regida pela Lei nº 9718/98, tem como finalidade financiar a seguridade social e é devida pelas pessoas jurídicas de direito privado e aquelas que lhes são equiparadas pela legislação do Imposto de Renda, inclusive as empresas públicas e as sociedades de economia mista.

A alíquota que até 31/01/99 era de 2%, a partir de 01/02/99 é de 3% incidentes sobre o faturamento mensal das empresas, e tem seu prazo de recolhimento estipulado no último dia útil da primeira quinzena do mês subseqüente ao da ocorrência do fato gerador.

Nota fiscal e fatura

Para as responsabilidades da empresa perante o fisco, é necessário emitir a nota fiscal.

Esse documento é a base para registro das operações de entrada e saída de mercadorias, as quais devem ser registradas em livro próprio de acordo com o regime adotado.

Para toda mercadoria destinada à revenda no caso de empresas comerciais, matéria-prima para as empresas industriais ou mesmo prestação de serviços para as empresas do ramo, é necessária a emissão da nota fiscal para que seja efetuada a apuração, dentro dos moldes ditados pelas legislações federal, estadual ou municipal.

A nota fiscal tem como documento complementar a fatura, que é a confirmação de sua emissão, podendo, após isso, gerar uma duplicata.

Crimes fiscais

Constituem crimes de sonegação fiscal, entre outros, os seguintes:

- Omitir informação ou prestar declaração falsa às autoridades fazendárias.
- Fraudar a fiscalização tributária, inserindo elementos inexatos ou omitindo operação em documentos ou livros exigidos pelas leis fiscais.
- Falsificar ou alterar nota fiscal ou qualquer outro documento relativo à operação tributável.
- Elaborar, distribuir, fornecer, emitir ou utilizar documento que saiba ou deva saber ser falso ou inexato.
- Negar ou deixar de fornecer, quando obrigatório, nota fiscal ou documento equivalente, relativo à venda de mercadorias ou prestação de serviços, ou fornecê-los em desacordo com a legislação.
- Falta de atendimento da exigência da autoridade fiscal.
- Deixar de recolher, no prazo legal, valor de tributo ou de contribuição social descontado ou cobrado, na qualidade de sujeito passivo de obrigação e que deveria recolher aos cofres públicos, etc.

Exercícios para verificação de aprendizagem

Responder, completar ou escolher alternativas:

1. Os tributos são divididos em quantas espécies e quais são elas?

2. Coloque na ordem correta os tributos e as respectivas competências:

Tributos: IPI, ICMS, ISS, IR, IPVA, IPTU, IOF

3. Cite os elementos fundamentais da obrigação tributária.

4. Com relação ao Simples Federal, como ocorre o cômputo das receitas?

5. Para efeito de industrialização, quais as modalidades consideradas para recolhimento de IPI?

6. O que significa a sigla COFINS?

7. Quais as alíquotas mínimas e máximas determinadas por lei para recolhimento do ISSQN?

8. Qual o documento de maior importância que a empresa deve emitir para efeito de apuração de imposto?

( ) Fatura ( ) Duplicata ( ) Nota fiscal ( ) Recibo

9. Considera-se contribuinte do IPI a pessoa física ou jurídica que tenha relação direta com o fato gerador, sendo os principais deles o industrial e o estabelecimento equiparado a industrial, como, por exemplo, o importador.

Esta afirmativa é:

( ) Falsa ( ) Verdadeira

Anotações

Capítulo 6

Organização de Escritório

Layout de distribuição
Rotinas de documentos
Triagem e distribuição de documentos
Técnica de arquivamento
Processo administrativo

Layout e distribuição

Todo escritório deve ter ordem para que seus colaboradores desempenhem suas funções de maneira agradável e com rendimento de tempo.

Para que isso ocorra num clima de perfeita harmonia organizacional, é imperioso que tenha um *layout* adequado entre os departamentos envolvidos.

A exemplo disso temos o departamento de escrituração fiscal que deve ficar próximo ao departamento jurídico, pois tem contato direto; o departamento de tesouraria ligado ao caixa e contas a pagar e receber; o departamento de compras perto do almoxarifado e assim por diante, numa disposição inteligente, evitando inclusive que colaboradores andem demasiadamente para informações em seções ou departamentos distantes.

Rotinas de documentos

Dentro de uma organização circulam muitos documentos diariamente tanto de caráter interno como memorandos, avisos e outros, quanto os gerados pela empresa que devem ser circulados fora dela, gerando então o tráfego de documentos. Algumas empresas têm em seus escritórios uma seção denominada tráfego que é responsável por toda essa circulação. É evidente que essa circulação precisa ter controle, o que torna necessário um registro pormenorizado das entradas e das saídas de documentos que passarem evidentemente por esse setor.

Esta é a única forma que vemos de saber se determinado documento ou correspondência foi mesmo recebida ou entregue, bastando consultar os protocolos diários dessa circulação.

Triagem e distribuição de documentos

Como já vimos, todos os documentos devem ser centralizados em um único local dentro do escritório para que sejam registrados e distribuídos, cabendo a esse setor a protocolização por ocasião da entrega.

Algumas empresas utilizam-se de escaninhos colocados no setor, funcionando como autodistribuição, ou seja, cada responsável pelos departamentos ou portador retira os documentos que passaram pela triagem.

Técnica de arquivamento

Arquivo é um conjunto de documentos guardados e conservados ordenadamente, visando sua posterior utilização, devendo ser organizado e classificado de acordo com as necessidades da empresa, o que permite encontrar o documento quando for necessário.

Para que os documentos sejam arquivados de forma racional, é preciso que sejam classificados, isto é, agrupá-los por classes ou grupos que podem ser ordenados em números ou letras do alfabeto.

Essa ordenação pode ser alfabética, numérica, por assunto ou mesmo cronológica e os documentos colocados em pastas suspensas, em pastas chamadas *A-Z* ou então em fichários.

Existe uma maneira mais simplificada para proceder ao arquivo de documentos, muito utilizado nas empresas americanas, que está sendo utilizado também nos nossos escritórios com sucesso.

Essa técnica agrupa os documentos em pastas suspensas dispostas em ordem exclusivamente numérica, ou seja, cada pasta tem um número, variando as etiquetas de identificação em cores que indicam os departamentos quando eles integrarem um sistema único de arquivo.

Para o controle dessas pastas utilizam-se apenas duas agendas, sendo uma em ordem numérica e outra em ordem alfabética. A agenda em ordem numérica vai apontar a seqüência das pastas e o que elas trazem arquivado, permitindo que novas vão se abrindo na seqüência lógica. A agenda em ordem alfabética permite localizar o arquivo a partir do assunto e tem anotado a seguir o número da pasta em que se encontra o documento procurado.

Processo administrativo

Os documentos têm as mais diversas características e podem ser uma simples nota fiscal, uma fatura, um cheque, um extrato bancário, enfim dentro dos escritórios circulam, além de correspondências, documentos importantes.

A circulação desses documentos deve obedecer a um fluxo, ou seja, uma seqüência lógica traçada baseada nas necessidades de cada empresa.

Como exemplo temos a circulação de uma compra efetuada, cuja cópia do pedido vai direto ao setor de recebimento de mercadorias, que, ao receber, encaminha a nota fiscal/fatura para o departamento de contas a pagar e este, depois de registrá-la, envia à contabilidade, que depois de processada, volta ao departamento de contas a pagar que enviará à tesouraria por ocasião do vencimento para efetivo pagamento. Vemos então como é o fluxo de documentos dentro de uma organização e a importância que tem uma distribuição adequada do espaço interno, permitindo a circulação e o fluxo dentro do menor espaço de tempo possível de maneira racional, obedecendo a uma seqüência lógica.

Exercício para verificação de aprendizagem

Monte um layout do escritório da empresa em que trabalha e com as suas sugestões.

Pesquise na empresa em que trabalha ou estagia o sistema de arquivo utilizado e que proponha um sistema diferente.

Capítulo 7

Noções de Matemática

Conjuntos numéricos
Razões e proporções
Funções

Conjuntos numéricos

Conjunto dos números naturais (N)

N = {0,1, 2, 3, 4, 5,...}

Um subconjunto importante de N é o conjunto N*

N* = {1, 2, 3, 4, 5,...} o zero foi excluído do conjunto N.

A aplicabilidade dos números naturais é para contagem, identificação, etc.

Conjunto dos números inteiros (Z)

Z={..., –3, –2, –1, 0, 1, 2, 3,...}

O conjunto N é subconjunto de Z

Temos também outros subconjuntos de Z

Z* = Z–{0}

Z+ = conjunto dos inteiros não negativos = {0,1,2,3,4,5,...}

Z– = conjunto dos inteiros não positivos = {0,–1,–2,–3,–4,–5,...}

Observe que Z+=N.

A aplicabilidade dos números inteiros é para medição da temperatura, saldo bancário, sentido de movimento, identificação de cargas elétricas, dentre outras.

Conjunto dos números racionais (Q)

Os números racionais são todos aqueles que podem ser colocados na forma de fração (com o numerador e denominador I Z). Ou seja, o conjunto dos números racionais é a união do conjunto dos números inteiros com as frações positivas e negativas.

Exemplos:

1. $0{,}1 = \frac{1}{10}$

2. $-0{,}45 = \frac{-45}{100} = \frac{-9}{20}$

3. $0{,}333... = \frac{3}{9} = \frac{1}{3}$

└ dízima periódica

4. $7{,}34 = \dfrac{734}{100}$

A aplicação dos números racionais se dá quando precisamos quantificar ou medir bitolas no sistema inglês de medidas.

Exemplos referentes às decimais periódicas ou infinitas:

$\dfrac{1}{3} = 0{,}333...$ $\dfrac{6}{7} = 0{,}857142857142...$ $\dfrac{7}{6} = 1{,}666...$

Toda decimal exata ou periódica pode ser representada na forma de número racional.

Conjunto dos números irracionais (I)

Os números irracionais são decimais infinitas não periódicas, ou seja, os números que não podem ser escritos na forma de fração (divisão de dois inteiros). Como exemplo de números irracionais, temos a raiz quadrada de 2 e a raiz quadrada de 3:

$\sqrt{2} = 1{,}4142135...$

$\sqrt{3} = 1{,}7320508...$

Um número irracional bastante conhecido é o número $\pi = 3{,}1415926535...$

Conjunto dos números reais (R)

É a união dos conjuntos Q com I, então teremos $R = Q \cup I$.

Podemos afirmar que se torna um conjunto compacto por causa da proximidade entre os números.

Os números naturais, inteiros, racionais e irracionais são todos números.

Observação: Entre dois números inteiros existem infinitos números reais.

Por exemplo:

- Entre os números 1 e 2 existem infinitos números reais: 1,01; 1,001; 1,0001; 1,1; 1,2; 1,5; 1,99; 1,999; 1,9999...
- Entre os números 5 e 6 existem infinitos números reais: 5,01; 5,02; 5,05;5,1; 5,2; 5,5; 5,99; 5,999; 5,9999...

Razões e proporções

Razão

Para conceituar razão, considere uma situação: foi desenvolvida uma pesquisa para conhecer a preferência dos eleitores quanto aos candidatos a presidente de uma determinada Associação de Bairro em uma cidade, da qual obtiveram-se os seguintes dados:

- Candidato **A** 400
- Candidato **B**............ 300
- Candidato **C**............ 200
- Candidato **D**............ 100

Vamos comparar então o número dos moradores da comunidade que têm preferência pelo candidato **A** que são 400 com o número total de eleitores que é 1.000, dividindo 400 por 1.000:

Vamos obter então $\frac{400}{1.000} = \frac{2}{5}$

A esse tipo de comparação entre dois números racionais chamamos **razão**, ou seja, no exemplo interpretamos que de cada **cinco** pessoas entrevistadas, **duas** preferem o candidato **A**. Prosseguindo a interpretação, teremos :

Para o candidato **B** teremos o seguinte:

$\frac{300}{1.000} = \frac{3}{10}$ que se lê: **3 para 10**

Para o candidato **C** fica assim:

$\frac{200}{1.000} = \frac{1}{5}$ que se lê: **1 para 5**

e assim por diante.

Termos de uma razão

A fração $\frac{2}{5}$ lê-se: **dois quintos** a razão $\frac{2}{5}$ lê-se: **2 para 5**

Na fração $\frac{2}{5}$ → o número 2 é o numerador
→ o número 5 é o denominador

Na fração $\frac{2}{5}$ → o número 2 é o antecedente
→ o número 5 é o conseqüente

Proporção

É uma igualdade entre duas razões, como exemplificamos em seguida:

Considerando as razões $\frac{4}{8} = \frac{1}{2}$ e $\frac{5}{10} = \frac{1}{2}$

As frações que representam as razões são equivalentes, portanto as razões $\frac{4}{8}$ e $\frac{5}{10}$ são iguais e assim sendo, essa igualdade é uma **proporção**.

Regra de três simples

Envolve duas grandezas direta ou inversamente proporcionais e tem solução simples, como, por exemplo:

Uma determinada máquina industrial fabrica 400 peças por hora. Quantas peças fabricará em três horas continuamente?

Para solucionar o problema de uma maneira simples, como já dissemos, temos que considerar duas grandezas: **tempo (horas)** e **peças fabricadas**.

Vamos indicar por "x" a quantidade de peças a ser fabricada.

Coloquemos as grandezas de mesma espécie em uma mesma coluna e as grandezas de espécies diferentes que se correspondem em uma outra linha:

Tempo	Peças
1 hora	400
3 horas	x

Armando a proporção, teremos:

$\frac{1}{3} = \frac{400}{x}$ então $x = 400.3$ resultado $x = 1200$

Resultado: em três horas a máquina produzirá 1.200 peças.

Regra de três composta

É o processo usado para resolver problemas que envolvem mais de duas grandezas direta ou inversamente proporcionais.

Vejamos como exemplo o seguinte:

Em quatro horas, seis máquinas envazam 2.000 litros de um refrigerante. Quantos litros seriam envasados por oito máquinas em seis horas?

Solução

Indiquemos a quantidade de litros por "x". Coloquemos as grandezas de mesma espécie em uma só coluna e as grandezas de espécies diferentes que se correspondem em uma mesma linha, assim

Horas	Máquinas	Litros
4	6	2.000
6	8	x

Vamos comparar cada grandeza com aquela em que está o "x".

$$\frac{2.000}{x} = \frac{\not{4}^{2}}{\not{6}_{3}} \cdot \frac{\not{6}^{3}}{\not{8}_{4}} = \frac{6}{12} = \frac{1}{2}$$

$$\frac{2.000}{x} = \frac{1}{2}$$

$x = 2.000 \cdot 2 = 4.000$

Resultado: seriam envazados 4.000 litros em seis horas por oito máquinas.

Porcentagens

A melhor forma de conceituar porcentagem é por meio de um exemplo. Verificamos então o seguinte:

Uma loja promove uma liquidação de suas roupas dentro de um Shopping Center, oferecendo 30% de desconto em todas as mercadorias da linha cama, mesa e banho. Calcule o desconto em reais para uma mercadoria cujo preço de etiqueta é R$ 350,00.

- O valor de R$ 350,00 é chamado de principal **(P)**
- $30\% = \frac{30}{100}$ é a taxa percentual **(i)**
- A porcentagem será o valor do desconto **(p)**

Assim sendo, p equivale a 30% de R$ R$ 350,00, então

$$p = (30\%) \cdot 350 \cdot p = 30 \cdot \frac{350}{100} = \frac{10500}{100} = 150$$

Logo, o valor do desconto (porcentagem) é de R$ 105,00.

Funções

No dia-a-dia usamos funções em muitas situações e às vezes sem mesmo sabermos. Observe:

- A área de um lote de terra é dada em função de suas dimensões.
- Um recipiente é cheio em função de sua capacidade.
- As partidas da Copa do Mundo acontecem em função da quantidade de equipes participantes.
- O valor de retenção do Importo de Renda na Fonte pagadora é dado em função do rendimento líquido da pessoa.

Isso dá uma exata idéia de função.

A exemplo disso temos o uso da telefonia móvel que se dá em função do tempo utilizado como:

César ligou para sua empresa avisando sobre uma tarefa que lhe foi passada a resolver em local distante. Cada minuto custa R$ 1,40, então o custo da ligação será em função dos minutos que César falou. E isso pode ser transformado para o uso mensal de seu celular.

Se ele fez diversas ligações durante o mês totalizando 48 minutos, sua conta será computada em minutos multiplicados pelo valor unitário de R$ 1,40 da seguinte forma:

49 minutos × R$ 1,40 = R$ 67,20

Por outro lado temos uma situação diferente, mas apreciada à luz da função:

Caso César esteja em sua casa ligando de um telefone fixo em que tem uma mensalidade fixa de R$ 37,00 e cada minuto extra custa R$ 0,20, esgotado o tempo flanqueado. Caso César tenha utilizado uma hora a mais, seu tempo corre em função dos minutos extras acrescentados ao valor fixo. Assim:

60 minutos × R$ 0,20 = R$ 12,00

e sua conta será R$ 37,00 + R$ 12,00 = R$ 49,00

Exercícios para verificação de aprendizagem

Resolva, complete ou escolha a alternativa.

1. Demonstre e explique a seguinte razão:

Uma empresa especializada desenvolveu pesquisa em 1.100 lares para medir o nível de audiência e o resultado foi o seguinte:

- Canal A 500 lares
- Canal B 300 lares
- Canal C 200 lares
- Canal D 100 lares

2. Uma indústria envasa 1.800 garrafas de determinado refrigerante por hora; quantas garrafas envasa em 45 minutos?

3. Uma determinada loja está liquidando seu estoque de roupas de inverno. Um casaco que custa R$ 450,00 está sendo vendido com 45% de desconto. Qual o preço final que o consumidor pagará caso venha a comprar o casaco?

Capítulo 8

Administração do Tempo

Como administrar o tempo

Como administrar o tempo

Todos nós possuímos a mesma quantidade de tempo diária: 24 horas. Alguns usam essas horas de forma proveitosa e útil, enquanto outros têm dificuldades para coordenar o tempo.

Como ter tempo?

Para se ter tempo, é preciso usá-lo da melhor forma possível.

Você precisa adotar um plano para o seu dia.

Trabalhe com o que é IMPORTANTE e não somente com o que é URGENTE. Comece o dia fazendo um esquema geral, com destaque para duas ou três coisas mais importantes que gostaria de realizar. Não permita que suas preocupações diárias impeçam-no de planejar seu esquema.

Exemplo:

8 horas:

8.15 horas:

8.30 horas:

8.50 horas:

9.10 horas:

9.50 horas:

10 horas:

11 horas:

12 horas:

13.30 horas:

14.30 horas:

15.30 horas:

17.00 horas:

17.50 horas:

No início, talvez seja difícil organizar suas tarefas. Compre uma agenda e vá incluindo os horários e tarefas. À medida que o dia for progredindo, vá assinalando o que você já fez. Isso representa uma motivação a mais, já que, ao final do dia, você pode olhar a lista e (certamente) dizer: quanta coisa eu fiz!

Modelo

Plano de Ação para o Dia ....../........../..........		
Horário	**Tarefa**	**Efetuada?**

Concentração!

A melhor maneira de economizar tempo é concentrar-se no que você faz. Não é possível fazer duas ou três coisas ao mesmo tempo. Assuma uma tarefa e concentre as forças nela. Não interrompa para dar uma telefonada ou para bater papo, etc. VÁ ATÉ O FIM! Poucos problemas resistem a um ataque maciço.

Crie modelos!

Uma das formas de conseguir ganhar tempo é padronizar certos serviços, como relatórios. Guarde em seu computador modelos ou relatórios que você já elaborou e utilize-os para fazer novos relatórios (basta preencher os dados que são solicitados pelo seu relatório específico).

Tudo o que você faz que é rotina pode ter economia de tempo, padronizando os procedimentos.

Por exemplo: utilize-se dos recursos do Word (editor de texto) e do Excel (planilha eletrônica) para guardar relatórios e efetuar cálculos e controles financeiros diários.

Outro exemplo: guarde os documentos com os quais precisa lidar diariamente em um só lugar (pasta) para ter acesso imediatamente a qualquer um deles, sem perder tempo em procurar nas gavetas ou arquivos.

1. Escreva em seguida duas ou três coisas que diariamente você tem de fazer, obrigatoriamente, no seu trabalho:

   1............exemplo: ler o relatório diário de acompanhamento de clientes

   2............

   3............

2. Muito bem, agora estabeleça um horário para que cada tarefa citada seja executada:

Tarefa	Horário diário
Exemplo: ler o relatório diário de acompanhamento de clientes	8.15 às 8.50

3. Tudo OK? Agora relacione outras tarefas e ações corriqueiras que você precisa fazer para incluir no seu Plano de Ação Diário:

Tarefa ou Ação	Tempo necessário por dia
Exemplo: ler os e-mails	*20 minutos*

4. Muito bem! Agora organize seu dia com base nos exercícios b e c anteriores (se for necessário, use o modelo sugerido anteriormente). Você consegue!

Pausas e organização...

Uma das nossas tendências, quando estamos com pouco tempo, é tentar fazer tudo ao mesmo tempo, no mesmo dia, nem que para isso fiquemos trabalhando até as 23 horas.

Pausas!

Mas trabalhar durante longas horas, sem fazer um descanso, não é bom modo de aproveitar eficazmente o tempo. A energia acaba e o tédio instala-se. O cansaço físico e mental termina por sepultar o aproveitamento. Trocar, por alguns minutos, um trabalho mental por um físico (caminhar, respirar intensamente, exercícios leves, etc.) ajuda a recuperar o ânimo.

Não pense que um repouso é desperdiçar tempo. Ele aumenta a eficiência, beneficiando sua saúde, à medida que alivia a tensão. Tudo o que contribua para manter sua boa saúde é um bom emprego do seu tempo!

Organização da papelada...

A pior coisa para perdermos tempo é a confusão de papéis sobre a mesa. A desordem prejudica a concentração, provoca tensão e frustra-nos com a sensação que estamos "soterrados".

Sempre que sua mesa esteja se tornando caótica, reserve algum tempo para organizá-la: separe os papéis em quatro grupos:

1. o que vai direto para o lixo (coloque imediatamente na cesta!): propagandas, papéis velhos, anotações gerais;
2. providências imediatas;
3. prioridade menor;
4. para leitura posterior.

Arquive somente o que é imprescindível. Arquivar muitos documentos multiplica a necessidade de espaço e tempo para administrar tanto o espaço quanto o arquivamento.

Ao final do dia, limpe a mesa. Assim, o seu dia seguinte começará livre e sem entulhos do dia anterior.

Arranje três pastas de cartolina e coloque os papéis em cada uma (cada pasta deve ter uma cor diferente para facilitar). Exemplo:

- **Pasta Azul**: para leitura posterior.
- **Pasta Verde**: prioridade menor.
- **Pasta Vermelha**: prioridades imediatas!

Muito bem! Agora você já sabe o que atacar de frente: a pasta vermelha (prioridades imediatas!). Vá em frente e você obterá... uma grande vitória!

As tarefas a longo prazo

Sempre existem aquelas tarefas com um prazo para entrega, etc.

Nossa tendência é deixar essas tarefas para o "último dia"... Não faça isso!

Aplique um plano rápido e pequeno para você vencer uma grande tarefa, com prazo marcado. Veja o seguinte exemplo:

- **Tarefa**: escrever o relatório anual de desempenho de minha seção.
- **Prazo para entrega**: 25 de março.

Distribuição das tarefas menores:

Data	Executar:
10 de fevereiro	Procurar o relatório do ano anterior para servir de modelo.
15 de fevereiro	Pedir para o pessoal escrever, em 10 a 20 linhas, o que foi realizado de importante no ano anterior (novos clientes, treinamento, nova forma de trabalho, etc.).
10 de março	Escrever a primeira versão do relatório, juntando o modelo com o que o pessoal já escreveu.
20 de março	Revisar e fazer alterações.
25 de março	Enviar o relatório para a diretoria.

Viu como é fácil?

Use este modelo:

Nota: Após preencher, coloque na pasta VERDE (prioridade menor). Próximo ao prazo de entrega da tarefa, coloque na pasta VERMELHA (prioridade imediata).

Plano de Execução do Projeto/Tarefa:		
Data	**Executar:**	**Foi feito?**

1. Defina um horário, tanto de manhã quanto à tarde, em que você fará uma pausa só sua no seu trabalho e se dedicará a uma rápida relaxada. Uma ginástica leve ou ler aquele livro guardado durante anos na sua gaveta.
2. Pratique, diariamente, o que você estabeleceu no exercício anterior.
3. Verifique agora os papéis na sua mesa. Separe-os nos quatro tipos. Jogue o maior número possível no lixo! Pegue os três tipos de papéis que sobraram e coloque nas pastas de papelão (se não tiver, improvise até comprar; marque na agenda para não esquecer!).
4. Ataque, de imediato, a pasta vermelha (ou aquela que você separou para as PROVIDÊNCIAS IMEDIATAS).
5. Muito bem! Pense numa tarefa que você tem de realizar daqui a um ou dois meses. Escreva esta tarefa: ______________________________
6. OK. Agora anote as ações que você precisa fazer para conseguir entregar a tarefa:

Ações para Cumprir a Tarefa:
1.
2.
3.
4.
5.

7. Viu como é fácil? Basta definir as DATAS em que você vai desenvolver cada tarefa:

Data	Tarefa:
	1.
	2.
	3.
	4.
	5.

8. Coloque na pasta VERDE (prioridade menor) a relação que você fez no exercício 7. Ao se aproximar da data (dois ou três dias antes) que você colocou, transfira para a pasta VERMELHA (providências imediatas). Após cumprir aquela ação, o papel pode voltar para a pasta VERDE e assim sucessivamente. VOCÊ VENCERÁ!

Ganhando tempo por partes

O PERFECCIONISTA ACHA QUE TEM TEMPO...

Existe diferença entre esforçar-se por executar um trabalho ótimo e empenhar-se para atingir a perfeição. O primeiro caso é alcançável, produtivo e necessário. O segundo é quase inatingível.

Por que se esforçar para fazer uma carta perfeita, se o seu chefe vai ler apenas os aspectos principais e depois jogá-la num arquivo qualquer ou mesmo no lixo?

Por que imprimir dez páginas novamente ou tirar xerox, se o erro está apenas na palavra "começar", que você esqueceu de colocar o "ç"? É mais sensato, econômico e rápido apenas incluir o sinalzinho abaixo do "c"!!!!

Raramente os perfeccionistas, aqueles que querem a perfeição em tudo (ou quase tudo), têm tempo para si, para os outros, ou para serem perfeitos!

DIGA NÃO !!!

O uso da palavra **não** é uma eficaz ferramenta de economia de tempo. Aprenda a recusar, com educação, mas firmemente, qualquer solicitação que não lhe pareça imprescindível para alcançar os resultados.

Você pode desculpar-se dizendo que não deseja livrar-se do trabalho, mas dedicar-se melhor àquilo que realmente considera importante, e assim ter a chance de livrar-se dos trabalhos improdutivos.

Quando nossa única preocupação é não ofender os outros, acabamos entulhados de prioridades alheias.

Exemplos:

1. Você foi convidado para ir a uma reunião de outro departamento que nada tem a ver com suas tarefas ou com os clientes. Apenas convidaram você porque querem valorizar a "turma". Recuse sem hesitação!
2. Você recebe um telefonema para dar uma opinião de marketing para um conhecido, em que deve cadastrar seus dados e responder a um questionário na Internet, com 50 perguntas (ou mais...!). Delicadamente, diga que você não dispõe do tempo necessário para dar atenção devida ao assunto e... tchau!

ESTAS TAREFAS ADIADAS...

Um hábito enraizado é evitar atacar de frente os problemas, adiando-os até que se torne muito maior do que realmente é. Qualquer um pode mudar seus costumes.

1. Decida iniciar sua mudança assim que terminar de ler este livro, enquanto ainda estiver motivado. Tomar este primeiro passo imediatamente é importante.
2. Não tente fazer coisas demais com pressa excessiva. Obrigue-se, apenas, agora mesmo, a fazer algo que você esteja adiando. Depois, a partir de amanhã de manhã, comece cada dia fazendo o que você considera mais desagradável na sua responsabilidade diária. Você se sentirá satisfeito consigo mesmo ao pensar que, passados apenas 15 minutos do dia, já se livrou do pior que tinha a fazer.

Discipline-se nas próximas duas semanas, para não abrir exceções a estas regras, e você triunfará e conseguirá estabelecer suas metas! Isso se tornará um hábito enraizado e permanente. Você terá a satisfação de mudar e vencer o tempo!

CORTE!

Há inúmeras atividades que nos levam a perder tempo: bater papo sobre futebol na hora do trabalho, falar ao telefone além do imprescindível, remeter um e-mail sobre coisas corriqueiras que não precisariam ser escritas, ler propagandas e aquele amontoado de malas diretas que chegam a sua mesa diariamente.

Estabeleça horários em que atenderá telefonemas de marketing direto (se é que você quer atender esse tipo de telefonema) e seja rigoroso, pedindo àqueles que desejam interromper suas atividades para serem breves e diretos. Não se trata de má educação, mas de conduta apropriada para vencer as responsabilidades que você tem!

Ah! Mas então eu não posso mais conversar sobre futebol com meus colegas? Claro que pode! Mas utilize o tempo do almoço!

DELEGAR

Nós precisamos saber distinguir entre aquilo que nós temos de fazer e aquilo que **podemos deixar outros executarem** por delegação direta. Delegar quer dizer incumbir, entregar uma tarefa a outrem, transmitir permissão de executar em meu lugar.

O que você pode deixar que seus subordinados façam? Faça uma revista de suas tarefas diárias e verifique que parte delas dispensa sua ação direta!

Se você delegar corretamente, terá mais tempo para assumir (novas) tarefas mais complexas e de acordo com sua competência, fazendo-o progredir profissionalmente!

1. Você é um perfeccionista? Responda a cada uma das perguntas com um número, segundo a escala:

0 (zero) para "NUNCA"

1 para "DE VEZ EM QUANDO"

2 para "QUASE SEMPRE"

3 para "SEMPRE"

( ) Se você erra ao escrever um bilhete, em vez de riscar o erro, você escreve tudo de novo, em outra folha.

( ) Você revisa um relatório à procura de erros, mesmo após já o ter entregue.

( ) Você "enfeita" (coloca cores, desenhos, etc.) seu trabalho, sempre que possível, para agradar a quem o recebe.

( ) Um amigo lhe pede uma opinião sobre um assunto em que você é um especialista. Você dá sua opinião, mas se estende nos detalhes, e fala durante, pelo menos, 10 a 15 minutos.

( ) Numa reunião, você precisa votar em um assunto. Além de votar, você faz questão de explicar aos outros por que votou daquela maneira.

( ) Você passa a limpo seus rascunhos, para uma nova folha, antes de digitar ou de redigir o texto definitivo.

Coloque o total de seus pontos:

Vamos aos resultados:

- **De zero a 5**: parabéns! Você, certamente, não é um perfeccionista!
- **De 6 a 10**: está na média, mas lembre-se de que o perfeccionismo não significa, necessariamente, melhor qualidade no trabalho.
- **Acima de 10**: você tem um estilo perfeccionista. Quanto lhe custa isso? Vale a pena?

2. Lembre-se de duas coisas que PRECISA dizer não e não tem coragem. Agora, anote-as e tome a decisão de dizer NÃO assim que for solicitado a fazer!

Preciso dizer NÃO para a seguinte pessoa: ____ que me convidou para fazer o seguinte: ____________________

Também preciso dizer NÃO para o ______ (coloque o nome da pessoa) que quer que eu me responsabilize por ____________________

3. Pense em uma tarefa que você vem adiando, adiando... Escreva aqui essa tarefa: ____________________

4. Com base na sua resposta anterior, é possível:

a) Delegar essa tarefa a alguém? Se sim, quem? Então delegue-a!

b) Cancelar essa tarefa, sem prejuízo para você, sua empresa, seus clientes? Se sim, cancele-a imediatamente!

c) Repartir essa tarefa com alguém? Se sim, quem? Então, o que você está esperando?

d) Fazer a tarefa imediatamente, agora? Se sim, execute-a!

Vencendo a falta de tempo

As orientações apresentadas nesta lição nem sempre serão úteis para você. Mas certamente poderão ajudá-lo a encontrar meios de administrar melhor seu tempo.

1. COMO LER UM LIVRO

Andando de ônibus: o tempo que você usa no transporte coletivo pode ser usado para ler aquele livro que há anos você está tentando concluir. Depois que tiver o hábito, você lerá normalmente. Serão dezenas de livros por ano!

Mas se você não quer, definitivamente, ler no ônibus, então leia... na frente da TV! Isso mesmo, enquanto está assistindo à TV, tenha um livro aberto. Assim que soar o "plim plim" da propaganda... comece a ler seu livro! Em um ano, você terá lido pelo menos dois a três livros médios, dependendo do tempo que você assiste à TV.

2. INTERNET E FILA DE BANCO

Fila de banco? Nunca mais! Se você tem Internet, faça (quase) todas as transações por ela. A economia chega a três ou quatro horas por mês (fora o tempo de deslocamento até a agência bancária). Fale com seu gerente! (Há outras opções também, como débitos automáticos de água, luz e telefone; conheça-as, utilize-as e ganhe tempo!)

3. NO TRÂNSITO

É impossível prever o desperdício de tempo no trânsito. Mas este sempre haverá, pois cada dia as estradas ficam mais cheias. Se você se desloca de veículo, que tal combinar com um colega que mora na mesma região que a sua e tentar dividir a condução? Assim, de dois em dois dias você será o passageiro e poderá: ler um livro, escrever um relatório, aprender inglês (CD portátil)... gostou?

4. SUPERMERCADO

Faça sempre uma lista de compras ANTES de ir ao supermercado. Assim, você não perde tempo imaginando o que deveria comprar, e tendo que retornar depois para completar a compra (você vai economizar também combustível e evitar de comprar aquelas "ofertas" inúteis).

5. VENDEDORES... PESQUISADORES E OUTRAS "DORES"....

Há uma porção de pessoas querendo disputar seu tempo. Talvez o telemarketing ativo (quando o pessoal liga para você para vender qualquer coisa chamada de "lançamento", com inúmeras vantagens da "promoção") seja o mais "moderno" e sutil meio de gastar seu tempo, dinheiro e paciência.

Só há um jeito de eliminar essas dores: diga não imediatamente! Se você não gosta de dizer não, então diga: telefone-me no mês que vem. Até lá vou pensar no assunto. Pelo menos você ganhou um mês de "liberdade".

6. CURSOS

Pare de fazer cursos caros, demorados e ineficientes! Procure fazer os cursos intensivos, rápidos ou on-line (como este que você está fazendo). Você economiza transporte, estacionamento e, é claro, tempo!

7. MALA DIRETA, E-MAILS E OUTROS ENTULHOS

Mais de 50% de toda correspondência postal e eletrônica é verdadeiro entulho propagandístico ou desperdício de comunicação e recursos. Delete os e-mails de conteúdo publicitário ou que nada tem a ver com suas metas imediatamente. Coloque no lixo as malas diretas e nem perca tempo abrindo um envelope! Após abrir milhares de malas diretas, ainda não achei um cheque ou cédula de dinheiro vivo nelas.

8. CELULAR?

A maravilha do celular é também um incômodo que rouba nossa concentração e toca nas horas mais desagradáveis. Desligue-o! Mantenha-o ligado somente quando puder atendê-lo.

9. DESCULPE, POR FAVOR E GENTILEZA

Quando alguém nos aborda e começa a falar ininterruptamente (inclusive nosso chefe), o que fazer? Utilize as palavras mágicas: "desculpe, eu preciso voltar ao trabalho...", "por favor, posso dar atenção a você em outra oportunidade...?" e "gentileza, estou me lembrando de algo que preciso fazer agora...". Falta de educação é roubar tempo dos outros.

Exercícios para verificação de aprendizagem

1. Qual a melhor maneira de economizar o tempo?
2. Monte um cronograma de tarefas a fim de adequar seu tempo às suas atividades diárias.

Capítulo 9

Fundamentos de Logística

Controle de materiais e planejamento de estoques
Controle de serviços de terceiros
Pesquisas de mercado
Importação e exportação
Ferramentas de organização e qualidade
Planilha eletrônica

Controle de materiais e planejamento de estoques

Os moldes atuais de administração não contemplam mais os almoxarifados abarrotados de estoques de mercadorias, transformando na grande preocupação das empresas que querem racionalmente reduzir seus custos.

Sabemos também que os custos para se manter hoje em dia um estoque de matéria-prima, produtos acabados ou mercadorias para revenda é elevado demais, diante das alterações dos próprios produtos e investimento.

Assim sendo, as empresas trabalham com estoques planejados com relação à demanda e suprimento. As quantidades são estabelecidas pela demanda delimitadas pelos estoques máximos suportados e mínimos aceitos, cabendo à logística o estabelecimento desses níveis, considerando para tanto como fatores importantes o ponto e o tempo de ressuprimento dos materiais.

As solicitações de compras são baseadas no levantamento das necessidades que estabelece os lotes de compra.

Um minucioso controle começa pelo recebimento das mercadorias no local de estocagem, ou seja, no almoxarifado que separa os materiais fora de especificação.

Os estudiosos no assunto hoje em dia, detentores de grande experiência, chegaram à conclusão de que nenhum material deve permanecer em estoque por mais de 180 dias. Isso quer dizer que temos que agir com rapidez porque podem ficar obsoletos ou então os investimentos ficam "empatados" por tempo superior ao normalmente aceito.

Por outro lado é preciso ficar atento quanto a dois fatores que influenciam na determinação do estoque: um deles é com relação aos custos, pois quanto maior a quantidade estocada, maiores serão os custos com a manutenção dos estoques, fator que nos alivia quando pensamos que nos protege de uma paralisação ou desaceleração da empresa por falta de estoque. Outro fator é exatamente o contrário, pois estoques reduzidos nos beneficiam com os menores dispêndios com estocagem, mas podem provocar desaceleração ou mesmo paralização da empresa por falta de material.

Também devemos levar em conta o planejamento de estoques que, quando a gestão for mal planejada, podem ocorrer fatores como a incapacidade de cumprir promessas de entrega ou mesmo falta constante de espaço para armazenagem ou então podem ocasionar um aumento nos itens de materiais obsoletos.

Quando a gestão tem um planejamento claro e eficiente, a empresa goza de situações favorecedoras, como a melhoria nas relações com usuários, a redução dos custos e perdas de estoque, dentre outras.

Os almoxarifados hoje trabalham com dados precisos a respeito da movimentação de materiais, tendo como base alguns elementos de política de estoques. Esses elementos são parâmetros imperiosos na adequação das quantidades aos interesses e necessidades da empresa.

Existem, para tanto, os métodos de controle de estoque sempre baseados em histórico de demandas, que é uma tendência linear. Baseados no histórico se planeja a tendência e quem prepara esses dados é o almoxarife, que passa para o departamento de compras as necessidades.

Simbologia utilizada para planejamento e controle de estoque;

- **Demanda** (D): é a quantidade consumida ou requisitada para uso em um determinado período.
- **Demanda Média Mensal** ($\overline{D}$): é a quantidade média de material consumido em um determinado período.
- **Tempo de Ressuprimento** (TR): é o espaço de tempo compreendido entre a data da emissão da requisição de compra do material e aquela em que o material é efetivamente recebido pelo almoxarifado.
- **Ponto de Ressuprimento** (PR): corresponde ao nível de estoque que, ao ser atingido indica a necessidade de ressuprimento do material.
- **Intervalo de Ressuprimento** (IR): é o espaço compreendido entre duas datas consecutivas de ressuprimento.
- **Lote de Compra** (LC): é quantidade de material solicitada em cada ressuprimento de estoque.
- **Estoque Máximo** (Emax): é a quantidade máxima de material admissível em estoque.
- **Estoque de Segurança** (ES): é a quantidade de material destinada a evitar a ruptura de estoque, normalmente dilatada pelo tempo de ressuprimento, ou mesmo por ocasião de aumento da demanda em relação ao previsto.
- **Cadência de Compras** (CC): significa quantas vezes se compra num determinado período.

A título de exemplo conhecemos de um determinado material os dados históricos que são: demanda, tempo de ressuprimento e intervalo de ressuprimento:

D = 150 unidades TR= 2 meses IR= 4 meses

Com esses dados podemos determinar o planejamento do estoque utilizando as seguintes fórmulas:

Estoque de Segurança (ES)

$ES = \overline{D} \cdot TR$

$ES = 150.2 = 300$

Estoque Máximo

$Emax = (\overline{D} \cdot IR) + ES$

$Emax = (150.4) + 300$

$Emax = 600 + 300 \quad Emax = 900$

Ponto de Ressuprimento

$PR = (\overline{D} \cdot TR) + ES$

$PR = (150 \cdot 2) + 300$

$PR = 300 + 300 \quad PR = 600$

Lote de Compra

$LC = \overline{D} \cdot IR$

$LC = 150 \cdot 4 \quad LC = 600$

Cadência de Compra

$CC = \frac{12}{IR}$ (período) $= \frac{12}{4} = 3$ vezes

Intervalo de Ressuprimento

$IR = \frac{12}{CC} =$ (período) $= \frac{12}{3} = 4$ meses

Método A,B,C de Administração de Materiais

Criado no século XIX por Wilfredo Paretto, na Itália, com a finalidade de medir a distribuição de renda da população, cujos resultados revelaram que poucos concentravam a maior parte das riquezas existentes.

Sua aplicação aos estoques foi colocada em prática e tiveram sua eficiência comprovada logo após o término da Segunda Guerra Mundial, nos EUA pela G.E., e até agora vem se mostrando eficiente instrumento de controle e gerenciamento.

Tem como finalidade determinar pontos básicos merecedores de atenção especial e revela que a maior parcela do dinheiro investido ($) em estoque corresponde a um pequeno número de itens, e um pequeno volume de dinheiro investido corresponde à grande maioria dos itens em estoque.

De acordo com esse método, os materiais são agrupados em três classes: A,B,C, sendo:

A - Pequeno número de itens (cerca de 10%) corresponde a um grande investimento em dinheiro (+- 75%).

B - Número médio de itens (entre 20 e 25%) corresponde a investimento médio em estoque (cerca de 20%).

C - Grande maioria de itens (65 a 70%) corresponde a um investimento considerado pequeno (+- 5%).

Após a determinação da curva A,B,C, como é chamada, determina-se o estoque de segurança (**ES**) por grupo de materiais.

Para melhor entendimento acompanhe um exemplo para determinar a curva A,B,C, de um universo de dez itens em que cada um corresponde a 10% do total.

Item	Consumo Mensal	Preço Unitário R$	Valor da Demanda R$
1	10	10,00	100,00
2	4	5,00	20,00
3	140	10,00	1.400,00
4	6	40,00	240,00
5	60	6,00	360,00
6	6	10,00	60,00
7	300	4,00	1.200,00
8	14	4,00	56,00
9	4	11,00	44,00
10	130	4,00	520,00

Total da Demanda R$ 4.000,00

Colocamos em ordem decrescente os valores de demanda calculados. Na próxima etapa deve-se proceder ao cálculo da porcentagem de cada valor de demanda em relação ao total e finalmente calculamos o acumulado.

Item	% item	Valor da Demanda	% valor	% Acumulada	Classe
3	10	1.400,00	35,0	35,0	A
7	10	1.200,00	30,0	65,0	
2	20	2.600,00	65,0		
10	10	520,00	13,0	78,0	B
5	10	360,00	9,0	87,0	
4	10	240,00	6,0	93,0	
3	30	1.120,00	28,0		
1	10	100,00	2,5	95,5	C
6	10	60,00	1,5	97,0	
8	10	56,00	1,4	98,4	
9	10	44,00	1,1	99,5	
2	10	20,00	0,5	100,0	
5	50	280	7,0		

Em resumo, temos:

A R$ 2.600,00 = 65% dos Investimentos = 20% dos itens

B R$ 1.120,00 = 28% dos Investimentos = 30% dos itens

C R$ 280,00 = 7% dos Investimentos = 50% dos itens

Estoque de Segurança (ES)

Como vimos na definição da simbologia utilizada no planejamento e controle de estoques, o Estoque de Segurança (ES) é a quantidade de material destinada a evitar a ruptura de estoque, a qual é ocasionada por dilatação do temo de ressuprimento ou pelo aumento da demanda.

Uma das formas mais usuais de determinação do estoque de segurança (ES) se dá em função da importância do material, cujo modelo a seguir leva em consideração o grupo a que pertence o material e o seu tempo de ressuprimento.

ES = $\overline{D}$ x Fator de segurança, em que:

$\overline{D}$ = Demanda média mensal

Fator de segurança = tabela

TR = Tempo de ressuprimento

Tabela do Fator de Segurança

Grupo	TR = 1	TR = 2	TR = 3	TR = 4	TR = 5	TR = 6
A	0,33	0,67	1,0	1,33	1,67	2,0
B	0,5	1,0	1,5	2,0	2,5	3,0
C	1,0	2,0	3,0	4,0	5,0	6,0

Exemplo: calcular o ES de um item que apresenta Demanda Média Mensal ($\overline{D}$) de 300 peças, com tempo de ressuprimento estipulado em três meses e pertence ao grupo "B".

ES = 300 . 1,5 = 450 peças

Devolução de materiais

A função da operação de devolução de materiais ocorrida nos setores de estocagem é a de incorporar ao estoque ou atribuir um destino mais conveniente aos materiais de sobras ou desativação na linha de produção ou em outros locais da empresa.

Para essa operação existe um procedimento específico que é justamente a classificação e triagem dos materiais devolvidos que deverão receber seu destino, como os materiais em condições de uso normal, os materiais sujeitos à recuperação ou transformação ou aqueles que são irrecuperáveis.

Distribuição de materiais e controle de documentos

Os materiais distribuídos são os estocados e para entendermos a distribuição, temos que avaliar o seu recebimento, que normalmente obedece à rotina de conferência com relação à quantidade e especificação e depois à estocagem.

Para isso observe um fluxo interno de documentação em que o responsável recebe antes o pedido para confrontar com a mercadoria recebida constante do documento hábil, quase sempre a nota fiscal. Esses documentos geram um relatório que é enviado à contabilidade de custos e ao departamento de contas a pagar para providências e o material recebido é codificado de acordo com critérios estabelecidos pela empresa.

Depois de codificado e estocado, o material está pronto para ser utilizado pela empresa e obedece à seqüência do fluxo, ou seja, à distribuição que nada mais é que a entrega para os setores requisitantes. Esse material somente pode ser distribuído mediante apresentação de requisição devidamente assinada por pessoa habilitada porque entra na rotina de controle de estoque, fornecendo dados quanto ao ressuprimento.

Inventário físico de materiais

Trata-se de uma contagem física de materiais de um determinado grupo ou mesmo todos os itens em estoque para confronto com a contabilidade. Ele tem dois objetivos específicos, sendo um deles o levantamento real da situação do estoque para ser levado ao balanço da empresa e o outro seria uma auditoria sobre a situação dos estoques e procedimentos desenvolvidos no almoxarifado.

Tipos de inventário

Temos três tipos de inventário:

- **Portas fechadas**: paralisa-se o expediente e procede-se à contagem física. Também chamado de inventário fiscal para efeito de balanço contábil.
- **Portas semifechadas**: é a contagem específica de alguns itens, normalmente determinados pela curva ABC.
- **Portas abertas**: contagem sem interferir no sistema.

Controle de serviços de terceiros

A terceirização hoje é uma realidade dentro dos sistemas organizacionais e isso faz com que a empresa contratante tenha maior domínio sobre os serviços e a contratada tenha uma atividade geradora de empregos.

Sob o aspecto da contratação de serviços terceirizados (limpeza, transporte, vigilância e segurança), observamos que cabe ao apoio logístico esse controle, que fornecerá dados à administração para adoção de medidas de desempenho.

Pesquisas de mercado

Verificamos anteriormente que as necessidades de compra são encaminhadas ao setor correspondente, normalmente uma central de compras, dependendo do porte da empresa. Justamente esse departamento ou setor deve estar atento para essa atividade porque trata-se de um valor imobilizado temporariamente e o custo do dinheiro sempre é uma preocupação para o departamento financeiro.

Podemos definir os fornecedores como todas as empresas interessadas em suprir as necessidades de outra empresa em termos de matéria-prima, mercadorias e serviços e a eficiência da área de compras está ligada ao grau de atendimento e ao relacionamento entre comprador e fornecedor.

Podemos classificar os fornecedores em três categorias, a saber:

- **Monopolista**: são fornecedores de produtos exclusivos.
- **Habituais**: são os fornecedores tradicionais, sempre consultados numa compra.
- **Especiais**: com as características não encontradas nos habituais, são consultados ocasionalmente para fornecimento.

Os fornecedores devem ser avaliados pela capacidade administrativa, técnica e financeira e depois disso cadastrados na empresa.

Os preços e condições de pagamento estão ligados à capacidade financeira da empresa fornecedora e definidos por uma negociação adequada.

Preços constituem num forte fator de negociação, porém devem estar ligados à qualidade, cumprimento de prazos e condições de pagamento.

Importação e exportação

A importação e exportação estão ligadas ao comércio exterior ou comércio internacional que se resume ao intercâmbio de mercadorias, serviços e movimento de capitais realizado entre dois países.

Os principais participantes do comércio internacional são indivíduos e empresas pertencentes a nações diferentes, portanto sujeitos a legislações e moedas diferentes.

O principal mecanismo do comercio de importação e exportação é sem dúvida a **taxa de câmbio**, fruto de um processo em que dois países diferentes pretendem comerciar entre si, apesar de trabalharem com moedas distintas. Em resumo, a taxa de câmbio é a medida pela qual a moeda de um país qualquer pode ser convertida em moeda de outro país.

Ferramentas de organização e qualidade

Várias ferramentas são recomendadas para a organização de uma empresa em seu segmento logístico com vistas à manutenção da qualidade.

Dentre elas podemos citar o Housekeeping, também conhecida como 5 S, o Kaizen e o Just-in-time.

Housekeeping: ou programa 5 S, visa a mudança na forma de raciocinar das pessoas, objetivando um comportamento melhor que durará por toda a vida, pois conduz a empresa de uma maneira racional, proporcionando ganhos efetivos de produtividade.

Resumidamente vamos a cada um deles:

Em japonês	Corresponde em português
SEIRI	Senso de Utilização
SEITON	Senso de Ordenação
SEISO	Senso de Limpeza
SEIKETSU	Senso de Saúde
SHITSUKE	Senso de Autodisciplina

- Seiri (Senso de Utilização) é a separação e classificação e visa colocar em ordem as coisas que estão em situação de confusão e desordem.
- Seiton (Senso de Ordenação) é a ordenação e arrumação e propõe arrumar da maneira certa.
- Seiso (Senso de Limpeza) significa limpar para ficar bonito, facilitar a visibilidade pela limpeza.
- Seiketsu (Senso de Saúde) significa ter um ambiente higiênico, asseado.
- Shitsuke (Senso de Autodisciplina) propõe a aplicação de boas maneiras.

Kaizen: outra ferramenta de fundamental importância na obtenção de qualidade, significa o aprimoramento contínuo e envolve todos os integrantes do quadro funcional da empresa, da alta administração aos operários.

Just-in-time: é um processo no qual se formalizam muitas idéias contidas em diversas estratégias de produção para atender à demanda. A aquisição, montagem ou a produção de peças é feita para atender pedidos específicos. Em resumo isso quer dizer: produz-se o que for necessário, quando for necessário e apenas o necessário, envolvendo para tanto a qualidade, o planejamento, o mercado e o cliente.

Planilha eletrônica

Evidentemente, em se tratando da logística de um processo em constante evolução e aprimoramento na administração e condução dos negócios da empresa, programas informatizados são desenvolvidos para esse objetivo.

Existem empresas especializadas em softwares para a área logística com as mais diversas finalidades, ou seja, para as compras inteligentes em lotes econômicos, para controle de materiais, para controle de custo do estoque, dentre outras.

O importante é lembrar que em nenhum momento a logística está desatrelada de um programa informatizado ou deixa de utilizar programas-padrão ou específicos e as planilhas eletrônicas de controle e apuração são uma parte vital desse processo.

Exercícios para verificação de aprendizagem

Responder, completar ou preparar:

1. O que você entende por almoxarifado?

2. De um determinado produto conhecemos:

   Demanda média mensal = 240 peças

   Ciclo de compras = 3 vezes

   Tempo de ressuprimento = 2 meses

   Estoque de segurança = 400 peças

   Determine: Emax, PR, LC, IR,

3. Pesquise sobre o Housekeeping ou 5 S e prepare um trabalho para verificar a possibilidade de implantação na empresa em que trabalha.

   Site sugerido: www.5s.com.br

Capítulo 10

Introdução ao Telemarketing

Histórico
Atendimento ao cliente
Funções do operador
Técnicas vocais
Estilos de operação
Planejamento de chamadas
Equipamentos e instalações

Histórico

Inicialmente se conceituava telemarketing simplesmente como 'vendas por telefone', mas este conceito tem evoluído significativamente com o tempo, inclusive ampliando sua aplicação.

Empresas que se utilizavam do marketing direto como instrumento de negócios ora o definem como canal de comunicação, ora como canal de vendas. Na verdade, dependendo do sentido de sua aplicação, o telemarketing promove as empresas perante seus clientes ou promove seus produtos.

A definição mais curta e objetiva vem do estudioso no assunto, Roberto Pessoa Madruga, que assim conceitua: "telemarketing, a empresa na casa do cliente".

Várias são as aplicações do telemarketing, dependendo evidentemente do objetivo que a empresa tem e das metas que ela quer atingir. O que podemos dizer é que a partir dos objetivos traçam-se as metas, estabelece-se a estratégia e coloca-se tudo em prática por meio de um eficiente plano tático que é a aplicação do telemarketing propriamente dito.

Podemos usá-lo para várias aplicações como compras, cobrança, lançamento e promoção de produtos, para cadastramento, autorização de crédito, consultas e muitas outras finalidades.

Vamos abordar as cinco principais aplicações do telemarketing dentre muitas conhecidas:

1. **Realizar vendas**: tanto pode ser ativo, ou seja, quando a iniciativa do contato é da empresa, quanto passivo, quando o cliente procura a empresa.
2. **Melhorar o trabalho do vendedor**: resumidamente diz respeito à prospecção de novos clientes e seu agendamento.
3. **Serviço de atendimento ao consumidor - SAC**: tanto para prestar esclarecimentos como receber reclamações, ou seja, é um serviço à disposição do cliente com vistas à sua fidelização por meio de um atendimento cordial e transparente.
4. **Pesquisa**: destina-se a mensurar a aceitação dos clientes em face de um determinado produto, ou consultá-lo e convidá-lo a conhecer um produto.
5. **Pós-venda**: na verdade é a fase mais importante depois de ter vendido ao cliente. É a técnica de medir sua satisfação.

Atendimento ao cliente

Quem é o cliente? Perguntamos inicialmente.

Cliente é toda pessoa ou grupo de pessoas que necessita de nossos produtos e/ou serviços.

Necessita? Continuamos a perguntar.

Todo cliente tem suas necessidades que podemos classificar em sensíveis e latentes.

Os clientes são o foco, a razão da existência da empresa e, conseqüentemente, o motivo principal da sua atividade.

Por serem o foco das atenções da empresa, é preciso desenvolver técnicas de atendimento porque estamos justamente na "era do cliente" desde os anos 70 até o presente momento, e quer nos parecer que é a era definitiva para a empresa.

Necessidade sensível é aquela que o cliente conhece bem e justamente a que o levou a iniciar o processo de compra. Ele costuma contar a todo mundo, inclusive aos concorrentes.

Necessidade latente é aquela que nem sempre ele sabe que tem. Está escondida e nem sempre os concorrentes conhecem. Aí é que está o diferencial. Esta é a necessidade decisiva. É a sua correta identificação, o que leva ao sucesso da maioria dos processos de telemarketing.

O atendimento mais rápido e prático ao cliente por meio do telemarketing é sem dúvida o **SAC**, que toda empresa deve ter como grande diferencial no mercado.

Toda e qualquer informação sobre o produto é necessário ter afiada e pronta para o quê? Para satisfazer as necessidades do cliente.

Pelo nível de atendimento é que podemos classificar a empresa em três categorias quanto ao relacionamento com o cliente: desencantadora, normal e encantadora.

Desencantadora: uma empresa mostra essa característica quando o padrão de serviço ou atendimento oferecido está abaixo do que qualquer cliente espera, ou seja, o cliente espera um nível determinado e a empresa aparece com outro inferior, "maltratando" o cliente.

Normal: a empresa atende o cliente e faz apenas aquilo que foi combinado ou programado. Na "era do produto" vivenciada até meados dos anos 70, isso poderia ser até válido, mas não agora, pois o cliente espera que a empresa vá além de suas expectativas.

Encantadora: a empresa surpreende o cliente com um atendimento positivamente fora dos padrões, e isso faz parte da sua filosofia para firmar-se no mercado. Empresas que desenvolvem esse nível de atendimento sempre estão à frente de seus concorrentes, pois encantam o cliente.

Nos dias de hoje o cliente se apresenta para as empresas, dentre outras, das seguintes formas:

- Detém um grande poder;
- Determina as regras do jogo;
- Exige qualidade de produtos e serviços;
- Busca tratamento diferenciado, querendo ser conhecido;
- Está a um "clique" da concorrência.

Funções do operador

O operador, antes de qualquer coisa, deve possuir algumas características diferenciais, mesmo sem ter experiência; caso contrário, pode colocar a empresa em situações difíceis de serem controladas porque a impressão inicial é a que fica.

Essas características podem definir o perfil do operador, como, por exemplo:

- **Capacidade de relacionamento interpessoal**: tem que saber interagir e ter em mente que o telefone é um meio e não um fim.
- **Fluência verbal**: de nada valerá um contato em que o operador tem dificuldades e se constrange à primeira contestação do cliente.
- **Responsabilidade**: os atos do operador no momento do contato com o cliente têm de ser de responsabilidade porque naquele momento ele fala pela empresa.
- **Empatia**: ele tem que se colocar no lugar do cliente e criar um clima tal que dê segurança ao cliente, que vai dar solução ao seu problema ou que tem segurança sobre o assunto.

Essas características somadas à motivação são o ponto de partida para que o operador exerça suas funções.

Essas funções podem se resumir na transmissão da mensagem da empresa ao cliente, quer seja uma promoção de produto, de venda ou mesmo um atendimento de rotina. Para isso deve usar a técnica do "ouvir sempre".

Técnicas vocais

Estamos falando em telemarketing, isto é, marketing por telefone. Isso significa que nem o operador vê o cliente nem este vê o operador, que nesse momento representa a empresa. É isso mesmo, o operador é a empresa falando com o cliente.

Para tanto, precisa ter uma postura satisfatória de modo que o cliente possa claramente receber a empresa em sua casa.

Assim sendo, convenhamos que o telefone pode tornar a comunicação mais difícil do que pessoalmente, o que pode causar alteração de voz.

Falar diretamente no bocal com voz normal e clara é fundamental. Qualquer reação, gesto ou mesmo atitude pode ser percebida pelo interlocutor, como comer, fumar, interrupção de colegas, ou mesmo uma ironia ou um gracejo.

Para formalizar um diálogo correto, observe alguns detalhes importantes como: seja claro, sorria, adote o tom correto, seja sincero, seja positivo.

Estilos de operação

Não é necessário que a empresa mantenha em seu organograma um departamento ou seção de telemarketing. Ela pode contratar os serviços de empresas especializadas no assunto que investem constantemente no treinamento de seus operadores.

O telemarketing na empresa pode se dar de duas formas ou estilos: ativo e receptivo.

Ativo: a empresa se apresenta ao cliente com finalidades específicas, como, por exemplo: oferecer um produto ou serviço, e isso pode acontecer também depois do lançamento de uma campanha na mídia, ou mesmo depois de enviar uma mala direta.

Passivo: o cliente contata a empresa para satisfazer várias finalidades, como, por exemplo: saber mais sobre um produto lançado em uma campanha na mídia, ou mesmo para fazer alguma reclamação.

Planejamento de chamadas

Toda e qualquer empresa que usa o telemarketing deve planejar suas atividades com segurança, a fim de obter os resultados esperados.

Deve preparar um bom roteiro para isso, obtendo informações sobre o "possível cliente".

Esse planejamento faz parte de um "script" que é a alma, digamos assim, do telemarketing. Na verdade esse "script" deve ser muito bem elaborado para que a empresa não dependa exclusivamente do operador. Devemos entender que nada substitui a criatividade do operador. Por mais criativo que seja, deve ter em mente que para obter um "feedback" deve usar a grande ferramenta que é a verdade.

O 'script' nada mais é do que uma ficha minuciosamente bem elaborada a respeito do cliente, de forma a se chegar ao objetivo final, quer seja uma venda ou mesmo a promoção da empresa.

Equipamentos e instalações

Hoje em dia, as empresas que atuam com serviços de telemarketing próprio, ou mesmo aquelas especializadas nesse serviço, possuem instalações apropriadas e equipamentos modernos, a fim de obterem melhores resultados.

Com relação aos equipamentos, eles são totalmente informatizados e operados por meio de softwares específicos capazes de contemplar controles de todos os registros e movimentos do operador.

As instalações também são muito importantes e devem obedecer inclusive às técnicas de ergonomia para seus operadores, facilitando seus serviços.

Algumas empresas utilizam programas de ginástica laboral para os operadores, que mesmo com as instalações adequadas e apropriadas, cumprindo todas as normas da ergonomia, precisam dispensar esses cuidados.

Exercícios para verificação de aprendizagem

1. Solicite informações sobre o serviço de telemarketing em sua empresa e prepare um trabalho monográfico sobre o que encontrou.
2. Defina cliente
3. De acordo com o nível de atendimento, como podemos classificar as empresas?
4. Quais os estilos de operação que o telemarketing exerce numa empresa?

Respostas dos Exercícios

Capítulo 1

1. O lucro

2. Recursos Humanos, Materiais, Técnicos e Financeiros.

3. Pessoa física é o (indivíduo) ou pessoa natural dotada de vontade própria e capaz de (direitos) e (obrigações).

4. Sim

5. Junta Comercial do Estado

6. As empresas exclusivamente de prestação de serviços tem a opção de arquivar seus atos constitutivos no (Cartório de Títulos e Documentos).

7. Microempresas (ME) até R$ 240.000,00 Empresas de Pequeno Porte (EPP) acima de R$ 240.000,00 e igual ou inferior a R$ 2.400.000,00

9. O aluno deve pesquisar na empresa em que estiver estagiando ou trabalhando com a ajuda de seu superior.

Capítulo 2

1. Usuários internos e externos.

2. Bens, direitos e obrigações.

3. Os (bens) e os direitos formam a parte (positiva) e as (obrigações) formam a parte negativa do patrimônio.

4. O aluno deve definir baseado no seu entendimento e consulta às anotações de classe.

5. Bens + direitos – obrigações

6. Três: ativo maior que o passivo; ativo menor que o passivo; ativo igual ao passivo.

7. Circulante, realizável a longo prazo e permanente.

8. Circulante, exigível a longo prazo, patrimônio líquido.

9. Receitas e despesas.

10. Diário, Razão, Caixa e Contas Correntes.

11. Local, conta devedora, conta credora, histórico e valor.

12. UEPS, PEPS e Custo Médio.

13. A apuração dos Custos Industriais se dá por meio da Contabilidade de (custos) também chamada de Contabilidade (industrial).
14. Gastos: na fábrica significam (custos) e na Administração e vendas significam (despesas).
15. O aluno deve definir como entendeu, evitando "copiar" do livro a resposta.
16. Para levantarmos o custo da matéria prima devemos tomar por base a (nota fiscal).

Capítulo 3

1. Interno e externo.
2. Legais e espontâneos.
3. indireta
4. Noventa dias e uma única renovação.
5. 1932
6. 48 horas
7. Quando modificar valores para mais ou maiores que os previstos na constitucão.
8. direito social
9. 9- 16 dias
10. Cadastro Geral de Empregados e Desempregados.
11. Receberá 7 avos e o total será de R$ 840,00
12. São parcelas que integram o salário como decorrência do exercício do trabalho em determinadas condições.
13. Insalubridade sobre o salário mínimo e periculosidade sobre o salário nominal.
14. Comissão Interna de Prevenção de Acidentes.
15. Combustível + oxigênio + temperatura

Capítulo 4

1. Juros
2. R$ 240,00
3. Simples R$ 9.400,00

   Compostos R$ 9.501,48

   Diferença R$ 101,48
4. R$ 495,41
5. R$ 540,00
6. C.M.N.
7. Certo
8. R$ 687,31
9. Empréstimo: valor liberado por instituição com cobrança de juros.

   Investimento: aplicação de recursos com rendimento de juros.
10. Correto
11. Ao portador e nominativo
12. Periódico - constatar - controle das empresas - extratos bancários

Capítulo 5

1. Três espécies - imposto, taxa e contribuição.
3. Lei, objeto, fato gerador, sujeito ativo, sujeito passivo, base de cálculo e alíquota.
4. Regime de caixa e regime de competência.
5. Transformação, beneficiamento, montagem, acondicionamento e renovação ou recondicionamento.
6. Contribuição para Financiamento da Seguridade Social
7. Mínima de 2% e máxima de 5%
8. Nota fiscal
9. verdadeira
10. Registro de entradas, de saídas e de apuração de mercadorias e serviços.

Capítulo 7

1. A,B,C,D = 5,3,2,1 em cada 11 respectivamente
2. 1350
3. R$ 247,50

Capítulo 8

1. Concentrar-se no que faz.

Capítulo 9

1. É o local onde se estocam produtos.

Capítulo 10

3. Desencantadoras, Normais e Encantadoras
4. Ativa e passiva

Referências Bibliográficas

ALOE, A. **Contabilidade Geral**. São Paulo: Atlas, 1961.

ARAUJO, P.H. **Motivando o Talento Humano**. Eko, 1999.

BIANCHINI, E. **Matemática.** São Paulo: Moderna, 1991.

BODIN, M. **Como usar melhor o Telefone**. Rio de Janeiro: Ediouro, 1995.

BROOKSON, S. **Como Entender Contabilidade**. Publifolha, 2001.

FIDELIS, G.J.; NOV, M.R. **Gestão de Recursos Humanos**. São Paulo: Érica, 2006.

FORSYTH, P. **Como falar ao Telefone**. São Paulo: Nobel, 2001.

GILLEN, T. **Assertividade**. São Paulo: Nobel, 2001.

GIOVANNI, J.R.; GIOVANNI JR, J.R. **Matemática**. São Paulo: FTD, 1996.

GOMES, C.R. **Contabilidade Básica**. São Paulo: Viena, 2002.

______. **Marketing, Telemarketing e E-Commerce**. São Paulo: Viena, 2003.

GONÇALVES, C.I. **Vendendo a Amigos**. São Paulo: SENAC, 2003.

GUASPARI, J. **A Empresa que parou no Tempo**. M.Books, 2005.

HARA, C.M. **Logística**. Alínea, 2005.

IORIO, C.S. **Manual de Administração de Pessoal**. São Paulo: SENAC, 2004.

MARCONDES DOS SANTOS, C.A; GENTIL, N.; GRECCO, S.E. **Matemática**. São Paulo: Ática, 2000.

MARINS FILHO, L.A. **Administrar, Hoje**. Harbra.

MOTTA, J.E.M. **Matemática Financeira**. Record.

OLIVEIRA, M.G. **As Falhas da Gerência**. Rideel, 2003.

______. **Como Conseguir Motivação Pessoal**. Rideel, 2003.

______. **Como Motivar Funcionários para que Produzam**. Rideel, 2003.

______. **Telemarketing de Sucesso**. Rideel, 2003.

______. **A Desvendando o Departamento de Pessoal**. São Paulo: Viena, 2003.

PACOLA, E.C. **Secretariado Administrativo**. São Paulo: Viena, 2003.

PARSLOE, E.; WRIGHT, R. **O Orçamento**. São Paulo: Nobel, 2001.

PILETTI, B.; GUIMARÃES, S. **Contabilidade Básica**. Ativa, 1983.

Professores da FEA da USP. **Contabilidade Introdutória**. São Paulo: São Paulo: Atlas, 1986.

RIBEIRO, O.M. **Contabilidade Básica Fácil**. São Paulo: Saraiva, 1996.

ROSA, J.A. **ABC da Comercialização e Negócios pela Internet**. STS, 1998.

SÁ, A. L. **Fraudes Contábeis**. Rio de Janeiro: Ediouro.

______. **Administração Financeira**. São Paulo: Atlas, 1973.

SANTOS, E.R.M. **1001 Informações Úteis**. Tecnoptint, 1986.

SANTOS, G. **Gestão de Almoxarifado**. Arth & Mídia, 2003.

SILVA, M.L. **Administração de Departamento de Pessoal**. São Paulo: Érica, 2001.

SPINELLI, W.; SOUZA, M.H.S. **Matemática Comercial e Financeira**. São Paulo: Ática, 1998.

Outros

Constituição Federal

Consolidação das Leis do Trabalho

Código Civil Brasileiro

Apostilas: Funcional Contabilidade (SP) SENAC (SP) SENAI (SP) People (SP) Sebrae (SP) e sites de livre consulta à Rede Mundial de Computadores (Internet).

Sites

Recursos Hídricos - www.uniagua.org.br

INSS - www.previdenciasocial.gov.br

Imposto de renda - www.receita.fazenda.gov.br

www.escritorioonline.com

www.dji.com.br

www.classecontabil.com.br

Marcas Registradas

Índice Remissivo

A

B

C

D

E

F

G

H

I

L

M

N

O

P

R

S

T

V

Logística Industrial Integrada - Do Planejamento, Produção, Custo e Qualidade à Satisfação do Cliente
Autor: Bruno Paoleschi • Código: 1970 • 264 páginas • Formato: 17,5 x 24,5 cm

A logística industrial integrada influencia todas as áreas da empresa que fornecem suporte à produção, agrega valor de forma direta ou indireta aos produtos finais e assim atende satisfatoriamente ao cliente.

Este livro abrange as etapas de planejamento industrial, PCP, produção, engenharia, marketing, gestão da qualidade, recursos humanos, finanças, vendas, manutenção, movimentação dos materiais, fluxos de produção e transportes, todos integrados em uma cadeia logística para atender ao cliente, visando a qualidade dos produtos, a satisfação, bem como agregar valor aos negócios.

Voltado aos estudantes, profissionais da área e empresários em geral, seu conteúdo é didático, traz várias planilhas para facilitar o aprendizado e a sua aplicação nas empresas, além de uma série de exercícios práticos.

SPB - Sistema de Pagamentos Brasileiro - Um Novo Conceito para a Economia do Brasil
Autor: Natalino Nascimento dos Santos • Código: 1765 • 96 páginas • Formato: 17 x 24 cm

Mediante a necessidade de reestruturação do Sistema de Pagamentos Brasileiro, esta obra visa analisar a adequação das quebras de paradigmas do atual sistema do País. Comenta a adequação dos empresários ao novo sistema de pagamentos e a gestão estratégica de negócios, como também propõe ações mitigadoras, visando auxiliar os empresários na transição do atual sistema para o novo, procurando fortalecer e modernizar o sistema financeiro e aumentar o interesse pelo capital externo, além de ganhos de eficiência à economia.

Indispensável a economistas, empresários e profissionais da área, possui bibliografia com base histórica e contemporânea, bem como dados estatísticos dispostos em tabelas e gráficos, para auxiliar na interpretação das informações.

Logística Operacional - Guia Prático
Autor: José Antonio de Mattos Castiglioni • Código: 1819 • 224 páginas • Formato: 17 x 24 cm

Esta obra trata de uma codificação dos principais temas relacionados com a logística e foi idealizada para orientar alunos de instituições de ensino que mantêm cursos técnicos e/ou de educação continuada, além de interessados em adquirir ou ampliar conhecimentos ligados à área.

Sob o ponto de vista prático, evidencia os conceitos e movimentos mais atuais da logística de maneira suave e sem complicações, como gestão, armazenagem e ferramentas da administração de estoques, PPCP, administração de compras, custos logísticos, distribuição e embalagens.

Transportes, Just In Time e Supply Chain Management também são explanados de maneira simples e detalhada.

Gerenciamento de Processos de Negócios - BPM - Business Process Management
Autores: Roquemar de L. Baldam, Rogerio de A. Bastos do Valle, Humberto Rubens M. Pereira, Sergio de M. Hilst, Mauricio P. de Abreu e Valmir S. Sobral • Código: 1758 • 240 páginas • 17 x 24 cm

O propósito do livro é nutrir o mercado com informações relevantes sobre a disciplina que hoje mais interesse desperta no ambiente empresarial: o Gerenciamento de Processos. Todas as iniciativas modernas de administração (*BSC, ISO 9000,* Custeio *ABC, Six Sigma, SOX, ISO 14000,* indicadores etc.) necessitam da visão de processos. Adicionalmente, os processos constituem a base de discussão para a melhoria do desempenho das organizações e apoio à implantação de sistemas de informação.

Abrange os aspectos e direcionadores que levaram o estudo dos processos a seu estágio atual de desenvolvimento, o ciclo de gerenciamento necessário à sua implementação e exemplos de processos. Apresenta uma estrutura de conhecimento que pode servir de base à implantação do *BPM* na organização, referenciais de conformidade e muito mais. Destinado a estudantes, gestores, empresários e profissionais da área.

Guia de Secretariado - Técnicas e Comportamento
Autora: Denize Rachel Veiga • Código: 1611 • 160 páginas • Formato: 17 x 24 cm

Com um texto claro, simples, objetivo e agradável, o conteúdo deste livro foi estruturado com uma lógica que permite a leitura segundo a necessidade e o interesse do leitor, não havendo a obrigação de acompanhar uma seqüência preestabelecida.

Indicado para profissionais da área e estudantes dos cursos técnicos e de Secretariado Executivo.

Dividido em duas partes, a primeira aborda questões relacionadas às técnicas secretariais, código de ética, ferramentas essenciais à organização, dicas sobre administração do tempo; a segunda parte descreve regras comportamentais, marketing pessoal, comunicação empresarial e muito mais.

Assistente Administrativo

Autor: José Antonio de Mattos Castiglioni • Código: 1243 • 248 páginas • Formato: 17,5 x 24,5 cm

Idealizada para orientar alunos de instituições que mantêm cursos técnicos, além de interessados em ampliar seus horizontes, esta obra oferece, de forma clara e objetiva, o instrumental necessário.

Abrange os principais assuntos que norteiam a área administrativa, tais como: organização de empresas, contabilidade geral e custos, recursos humanos e departamento de pessoal, administração financeira e tributária, rotinas e organização de escritório, noções de matemática, administração do tempo, fundamentos de logística e telemarketing.

Gestão de Pessoas - Rotinas Trabalhistas e Dinâmicas do Departamento de Pessoal

Autor: Gilson José Fidelis • Código: 1073 • 224 páginas • Formato: 17 x 24 cm

Destinado aos profissionais da área de Recursos Humanos, empresários, consultores, estudantes das diversas áreas acadêmicas e demais interessados no assunto, o livro oferece uma visão bem estruturada e abrangente das atividades do Departamento de Pessoal.

Aborda a relação entre capital e trabalho; processo de admissão: documentos e registros que fazem parte da burocracia legal; salário contratado e a remuneração durante o tempo destinado ao trabalho; a duração do trabalho e as características do apontamento de freqüência; a folha de pagamento e suas obrigações trabalhistas; 13º salário; férias; tudo de uma forma bem orientada, didática e com exercícios que avaliam o aprendizado.

Gestão de Recursos Humanos - Tradicional e Estratégica

Autores: Gilson José Fidelis e Márcia Regina Banov • Código: 1006 • 192 páginas • Formato: 17 x 24 cm

Destinado aos diversos profissionais liberais, empresários, consultores, estudantes de áreas acadêmicas e demais interessados.

A publicação oferece um panorama da Gestão de Recursos Humanos, aborda a administração tradicional e suas características pragmáticas, a evolução da área de Recursos Humanos ao longo da história; a administração estratégica focando a melhoria do trabalho e a busca por resultados, através de práticas modernas de orientação das pessoas e das empresas; o ambiente organizacional como facilitador do planejamento de Recursos Humanos e o incentivo, a criatividade das pessoas e o desenvolvimento de suas potencialidades.

Guia Jurídico do Mantenedor Educacional

Autor: Célio Müller • Código: 0417 • 320 páginas • Formato: 17,5 x 24,5 cm

Este livro esclarece as principais questões de natureza jurídica que envolvem uma instituição educacional. Oferece um verdadeiro alicerce para o mantenedor no desempenho de sua função, desde a educação infantil até o nível superior.

Sua teoria é complementada por exemplos práticos e o leitor terá condições de compreender e aplicar com maior tranqüilidade a base legal que sustenta o ensino particular. Os comentários à Lei de Diretrizes e Bases da Educação, Estatuto da Criança e do Adolescente, Constituição Federal, Códigos Civil e do Consumidor, aspectos polêmicos do contrato educacional, formalização da matrícula, mensalidades escolares e todo o tratamento destinado aos inadimplentes são estudados com detalhes, complementados pelos aspectos fiscais e trabalhistas aplicáveis à empresa.

Administração de Departamento de Pessoal

Autora: Marilene Luzia da Silva • Código: 8402 • 232 páginas • 17 x 24 cm

Perfis & Competências - Retrato dos Executivos, Gerentes e Técnicos

Autor: Luiz Carlos Daólio • Código: 0239 • 216 páginas • 17 x 24 cm

Tecnologia, Trabalho e Desemprego: Um Conflito Social

Autores: Jayr Figueiredo de Oliveira e Antonio Vico Mañas • Código: 0212 • 264 páginas • 17 x 24 cm

CADASTRO PARA MALA DIRETA

Ao preencher este formulário e enviá-lo à Editora Érica por fax (11) 2097-4060 ou pelo correio, você receberá informações periódicas sobre os nossos lançamentos.

Desejo cadastrar-me para receber informações sobre os lançamentos

Livro: Assistente Administrativo

Autor: José Antonio de Mattos Castiglioni **Código:** 1243

Nome:

Endereço para correspondência:

Bairro:

Cidade:

Estado: **CEP:** -

Telefone: 0 X X -

Fax: 0 X X -

E-mail:

Onde este livro foi comprado?

( ) Banca
( ) Livraria
( ) Loja
( ) Outro ____________________

Onde você tomou conhecimento do livro?

( ) Anúncio
( ) Catálogo
( ) Escola
( ) Outro ____________________
( ) Internet
( ) Mala Direta
( ) Revista

PRT/SPM-4707/94
UP AC ÁGUA RASA
DR/SÃO PAULO

CARTÃO RESPOSTA

NÃO É NECESSÁRIO SELAR

o selo será pago por
EDITORA ÉRICA LTDA.

03399-999 SÃO PAULO - SP

recortar

GRÁFICA PAYM
Tel. (011) 4392-3344 · paym@terra.com.br